Buddhas Leitfaden zur Selbstliebe

Ein kreativer Weg, Ängste loszulassen und Frieden zu finden

Bonus: 35 Wege, deine innere Kritik und dein Leben zu verändern

Federico Giordano

Inhaltsverzeichnis

Buddhas Leitfaden

Vorwort

Du suchst das, was dein Leben verändert. Schon viel zu lange findest du die Antwort einfach nicht. So viele Wege musstest du schon gehen, hast Höhen und Tiefen erlebt, aber das große Glück blieb einfach aus.
Nun würdest du nicht sagen wollen, dass du tieftraurig bist. Du bist einfach der Meinung, dass du nicht so glücklich bist, wie du es möchtest. Immer wieder wirst du von Ängsten geplagt! Hast du eine Sorge überwunden, klopft schon die nächste an deine Tür. Sie scheint auf dich zu warten und findet dich überall.

Auf deinem Pfad hast du nun eine Kreuzung überquert und hast bereits eine Tür

aufgestoßen, die dir ein wenig Licht schenkte. An dieser Tür stand ein Wort: Buddhismus! Du bist eingetreten, fühlst dich wohl und weißt, dass du damit die richtige Entscheidung getroffen hast. Hier spürst du Geborgenheit und erhaschst hier und da ein Stück der inneren Ruhe, welche du schon so lange gesucht hast.
Aber das reicht dir nicht! Du möchtest noch weitergehen und endlich wieder das Glück fühlen. Wirst du es hier finden können? Ja, deine Suche und dein Handeln wird belohnt werden, wenn du es möchtest!

In diesem Buch findest du einen Wegbegleiter, der dir zeigt, wo der Schlüssel verborgen ist. Hier werden dir die Weisheiten Buddhas nähergebracht, der einst sagte, wie du das Glück finden kannst. Du wirst überrascht sein, aber auch neugierig werden. Lass dich auf eine Lehre ein, die dich inspiriert, glücklich macht und dir wieder das zurückgeben kann, was du so schmerzlich vermisst.

Auf den folgenden Seiten wirst du Buddha näherkennenlernen. Du wirst herausfinden, wie Buddhisten mit Ängsten umgehen und sich davor schützen. Ein langer und aufregender Weg der Erkenntnis liegt vor dir, aber du bist schon sehr weit gekommen. Nun sei auch noch bereit, diese letzten Schritte zu gehen. Aber auch wirst du erfahren dürfen, wie du dein Leben wieder positiv gestalten kannst. Es ist keine Zauberei, sondern braucht nur ein wenig Mut. Für dich heißt es,

Gewohnheiten fallenzulassen und dich auf neue Dinge einzulassen! Bist du dazu bereit?
Du wirst auch einen kleinen Einblick in einen wichtigsten Bestandteil des Buddhismus bekommen: Die Meditation! Wenn du bis heute nicht viele Gedanken daran verschwendet hast, dann ist es jetzt an der Zeit. Lasse dich von der Kraft deines eigenen Körpers und Denkens überzeugen. Zähme deinen Geist und sei wieder der Hüter über deine Sinne!

Du siehst: Dieses Buch steckt voller Überraschungen. Nun warte nicht mehr länger und trete eine Reise an, die du so schnell nicht mehr vergessen wirst. Am Ende wartet ein Leben auf dich, dass du schon unendlich gesucht und jetzt natürlich auch mehr als verdient hast!
Glück und Zufriedenheit sind nicht nur für ausgesuchte Menschen bestimmt, sondern jeder darf es fühlen: Auch du!

Mit diesen Gedanken mach dich nun auf zu neuen Wegen!

1.Kapitel: Buddha – Das Leben eines weisen Mannes

Ein großer Mann

Eines ist sicher: Wenn du hier bist, wirst du auch Buddha kennen. Er ist der Mann, der einst den Buddhismus in Leben rief und damit eine Lehre voller Zuversicht erschuf.
Die meisten Menschen kennen seinen Namen, wissen um sein Lebenswerk, aber wer war Buddha wirklich?
Hast du dir schon einmal diese Frage gestellt? Viel zu oft geht sie im täglichen Leben unter. Selbst dann, wenn sich Menschen schon viele

Jahre mit dem Buddhismus beschäftigten, ist es nicht sicher, ob sie auch genaueres um den Schöpfer wissen.

Natürlich musst du nicht jedes Detail kennen, wenn du dich noch in der Entdeckungsphase befindest und somit noch ganz am Anfang stehst.
Doch warum nicht jetzt damit beginnen? Werfe einen Blick auf den Mann, der etwas Großes schuf und einen festen Platz in den Gedanken der Menschen hat!

Einblick in sein Leben

Bitte beachte, dass es sich hierbei um einen kleinen Einblick handelt. Hier bekommst du ein Gefühl für sein Leben und kannst die wichtigsten Eckdaten in Erfahrung bringen.

- **560 v. Christus** (das Jahr ist eine Schätzung, eine genauere Überlieferung gibt es leider nicht)

Buddha wird geboren, doch nicht unter seinem der Menschheit bekannte Namen, sondern als Siddharta Gautama. Seine Namensgebung hatte eine Bedeutung. Siddharta bedeutet soviel wie „Der sind sein Ziel erreicht hat“.
Geboren wurde er in Lumbini, was an der Grenze zwischen Indien und Nepal zu finden

ist. Buddha wurde im Adelsgeschlecht der Shakya geboren.

- **544 v. Christus**

In diesem Jahr heiratete er Yasodhara, welche die Tochter des Fürsten Suppabuddha war.

- **531 v. Christus**

Seine Frau bringt einen Sohn auf die Welt. Sein Name ist Rahula. Schon kurz darauf verlässt allerdings der noch namentlich bekannte Siddharta seine Familie und entscheidet sich für ein Leben als Asket. Ein solcher Alltag wird bestimmt durch eine Lebensweise, die nur als enthaltsam bezeichnet werden kann. Luxusgüter spielen hier keine Rolle, sodass ein Leben in einer reichen Adelsfamilie nicht mehr zu seinem neuen Weg gehören konnte.

- **530 – 526 v. Christus**

Sein Weg ist auch genauso bestimmt. Siddharta entscheidet sich dafür, fernab seiner Bedürfnisse zu Leben. Auch Nahrung spielt für ihn keine Rolle mehr, sodass er fast verhungert. An dieser Weggabelung erfolgte dann ein Umdenken seinerseits und er wählte ein Leben zwischen Asketen und dem Konsum.

- **525 v. Christus**

In diesem erfuhr er seine Erleuchtung ganz in der Nähe der nordindischen Stadt Bodh-Gaya. Hier begegnet ihm der Kreislauf des Seins und an diesem Ort formuliert er auch seine

heiligen Wahrheiten, die heute auch als „Grundlagen des Buddhismus“ bekannt sind.
Hier erfolgt auch seine neue Namensgebung und er trägt von jetzt an den Namen Buddha. Ein Wunsch kommt in ihm auf: Er möchte eine Lehre entstehen lassen, die auch anderen Menschen die Erleuchtung bringen soll.
So hält er eine Predigt im Wildpark von Isipatana. Sein Publikum ist mit fünf Asketen noch sehr klein, doch nach seiner Ansprache schließen diese sich als buddhistische Mönche zusammen!
Der Buddhismus ist als Religion entstanden!

- **524 – 479 v. Christus**

Buddha begibt sich auf Reisen und hat hier ein festes Ziel: Er möchte seine Lehre in Indien auch mit anderen teilen. Der Hinduismus, welcher hier schon bekannt ist, wird von ihm strikt abgelehnt, da das Kastenwesen in seinem Denken keinen Zuspruch findet.
Immer mehr Anhänger näheren sich ihm an, und auch Frauen werden schon bald aufgenommen. Sie ziehen gemeinsam durch das Land. Nur in der Zeit des Regens verharren sie an einem festen Platz, den sie immer wieder bei Bürgern finden, die gerne helfen möchten.

- **480 v. Christus**

Siddharta Gautama Buddha stirbt im Alter von 80 Jahren in Kusinara (Nähe Delhi). Genaueres ist bis heute nicht bekannt, es wird aber immer wieder von Verzehr verdorbener Lebensmittel gesprochen, was ihn immer mehr schwächte.

Buddha vollzog einen Wandel in der Menschheit und brachte etwas zu Tage, was heute nicht mehr wegzudenken ist.
Auch jetzt noch, in der Zeit der Moderne, findet seine Religion immer neue Anhänger, die ihr Leben nachhaltig verbessern möchten.

Ob die Jahreszahlen zu 100 % dem tatsächlichen Geschehen entsprechen, kann nicht genau gesagt werden. In einigen Überlieferung wird sein Geburtsjahr auf 100 Jahre später festgelegt, was natürlich auch die anderen Daten dahingehend verändern würde.
Aber das ändert natürlich nichts an dem Wirken und der Überlieferung eines großen Mannes, der etwas schaffte, auf was nicht viele Menschen in ihrem Leben zurückblicken könnten. Dennoch war er nie darauf aus, einen materiellen Ausgleich für sein Tun zu erhalten. Der Zuspruch seiner Anhänger reichte ihm völlig aus!

2.Kapitel: Die Grundlagen der buddhistischen Lehre

Erste Einblicke

Sicherlich hast du dir schon einiges Wissen um Buddha aneignen können. Du findest gefallen an seiner Lehre, sonst wärst du nicht auf dieses Buch gestoßen.
Er war ein Mann, der mit Worten sehr viel bewirken konnte. Er war es, der in seiner Art und Weise sagte, wie die Welt funktioniert.
Buddha zeigt auf, was wirklich ist und was nur bedingt in Erscheinung tritt. Doch das ist gar nicht so leicht umsetzbar. Es reichen nicht nur seine Worte aus. Denn erst dann, wenn du die Bedeutung dessen verstehst,

kannst du es auch wirklich für dich und in deinem Leben umsetzen.

Doch natürlich beinhaltet die buddhistische Lehre noch viel mehr. Die Grundlagen werden auch als die edlen vier Wahrheiten bezeichnet!

Selbstverständlich hast du dich aus einem ganz bestimmten Grund für diese Lehre entschieden. Hier findest du deine Erfüllung und das Glück, was du vielleicht schon lange gesucht hast.
Aber kennst du auch die vier edlen Wahrheiten, die den Kern ausmachen und durch deren Kraft der Buddhismus getragen wird?

1.Wahrheit: Es gibt Leid
Diese Tatsache lassen viele Menschen in ihrem Leben nicht zu. Sie ärgern sich, warum sie nicht glücklich sind, können es einfach nicht verstehen und suchen ganz verbittert nach Gründen.
Doch hat das überhaupt einen Sinn? Vielleicht schaust du dafür einmal auf dein eigenes Leben und Denken zurück. Sicherlich hast du dich auch schon einmal genau das gefragt: Du hast etwas wirklich Schlimmes erfahren und du kannst es wahrlich als Leid bezeichnen. Das kann eine Trennung, der Verlust eines Jobs oder auch der Tod eines geliebten Menschen sein. Hier suchst du nach einem Grund. Du versuchst herauszufinden, warum dir das passiert ist. Es hätte jeden Menschen treffen können, aber gerade du wurdest „ausgewählt".
Deine Fragen drehen sich im Kreis und ohne das du es merkst, vergeht die Zeit. Aber all das führt dich noch immer nicht zu deiner Antwort.

Was sagt dir das? Es gibt keine und die Lehre des Buddhismus vermittelt das ebenfalls. Buddha sagt, dass es wichtig ist genau das zu erkennen. Für ihn ist es wichtig, dass du als Mensch erkennst, dass es nicht nur Freude, sondern auch Leid gibt. Des Weiteren gibt es drei Dinge, die du nicht aufhalten kannst und die auch unweigerlich zu Leid führen können. Hierbei handelt es sich um das Alter, die Krankheit und auch den Tod. Jede einzelne Gegebenheit kannst du nicht verhindern, auch wenn du dich bemühen würdest. Wenn dies eintritt, ist es leidvoll, daran gibt es keinen Zweifel. Wenn du es annimmst, und dein Geist erkennt, dass es unvermeidbar ist und das Leid zum Leben gehört, hast du bereits die erste edle Wahrheit kennengelernt und verstanden.
Sie wird dich in deinem Leben sehr weit bringen und sehr viele negativen Gedanken ersparen. Niemand sagt, dass dir die Erkenntnis „zufallen“ wird, aber wenn du an dir arbeitest und es wirklich verstehen möchtest, kann es dir auch gelingen.

2.Wahrheit: Leid hat eine Ursache

Diese Aussage mag dich jetzt vielleicht ein wenig verwirren. Denn soeben hast du noch erfahren, dass es für Krankheiten, Alter und Tod keine Gründe gibt. Das stimmt natürlich in seiner Kernaussage.
Buddhas Wahrheit wird so formuliert: „Es gibt Ursachen, warum der Geist sich nicht selbst erkennt und man nicht dauerhaftes Glück erlebt“

Hiermit möchte er vermitteln, dass es für keinen Menschen möglich sein wird, immer Glück zu erfahren. Es gibt immer gute und schlechte Tage. Es ist das Leben und hat manchmal einfach seinen eigenen Plan.
Wenn ein Mensch schwer krank wird, ist die Krankheit selbst die Ursache. Wenn er altert, ist es der Lauf der Zeit und auch der Tod hat immer einen Grund. Buddha möchte dies den Menschen, die seine Lehre leben verinnerlichen. Es ist wichtig, dies zu erkennen und aufzunehmen. So können viele Dinge viel leichter bewertet und auch verarbeitet werden.
Niemand auf der Welt hat immer Glück, auch wenn es manche Menschen behaupten mögen. Wenn also auch du ab und an das Gefühl hast, nicht mehr ausreichend Glück zu erfahren, nimm es für dich an. Es gehört dazu und du wirst auch bald wieder etwas Freudiges erleben. Wenn dein Geist diese Tatsache in sich aufnehmen kann, hast du auch schon die 2. Wahrheit verinnerlicht.

3.Wahrheit: Es gibt ein Ende des Leids

Diese Aussage wird sicherlich schon ein Glücksgefühl bei dir auslösen. Buddha sagt, dass jeder Mensch seinen Geist erkennen kann und damit auch den Zustand des Leidens beenden kann. Am Ende steht natürlich das dauerhafte Glück. Es wird auch als der Zustand der Erleuchtung bezeichnet.
Diese Formulierung macht Mut und zeigt allen Menschen, dass es mehr als nur Leid und Sorgen auf der Welt gibt, auch wenn es manchmal nicht so scheint.

Im Vordergrund steht hier dein Geist! Diesen zu erkennen, führt dich unweigerlich auf den Pfad der Erleuchtung und bringt dir das, was du suchst: Das Glück.
Wie der Zustand der Erleuchtung genau aussieht, darf jede Person für sich selbst herausfinden. Es gibt also keine Beschreibung, die diesen näherbringt. Nur eines ist sicher: Es wartet das Glück auf dich und das, was du noch vor kurzem als leidvoll bezeichnet hast, wird es dann schon nicht mehr geben.

4.Wahrheit: Es gibt einen Weg zum Ende des Leids

Hier erwartet dich unweigerlich das Glück. Denn hier weißt du, dass es nicht nur ein Ende des Leids, sondern auch einen Weg dazu gibt. Möchtest du ihn finden, dann braucht es die Erkenntnis dieser 4. Wahrheit auf deiner Reise.
Der Weg zur Erleuchtung wird von Buddha immer wieder offengelegt. Es war für ihn über 45 Jahre eine Lebensaufgabe, die er mit großer Überzeugung meisterte. Er war in der Lage, es den Menschen zu vermitteln, die seine Meinungen teilten.
Die Belohnung war für alle klar und unersetzlich: Das Glück.
Diese Aussage macht doch sehr viel Mut! Es spielt letztendlich keine Rolle, wie viel Leid du erfährst. Selbst dann, wenn du der Meinung bist, dass sich das Leben gegen dich verschworen hat, wirst du am Ende auch wieder Glück erfahren dürfen.

Es wartet auch auf dich, selbst dann, wenn du nicht mehr daran glaubst. Du brauchst du ein wenig Durchhaltevermögen und natürlich das Erkennen deines Geistes.
Lasse dich von negativen Emotionen nicht beeinflussen und höre nicht zu sehr auf das, was dein Kopf dir manchmal sagen möchte. Du bist ein Mensch, der genauso das Glück verdient, wie andere Menschen.
Empfange es mit offenen Armen, denn du diese 4.Wahrheit für dich verstanden hast, ist es zum Greifen nah!

Buddha verlangte keine Prüfungen und sah es auch nicht als nötig an, dass jeder Mensch alles glauben musste.
Vielmehr war es in seinem Sinn, dass jede Person sich frei, nach seinen Vorstellungen, entfalten kann. Als Unterstützung brachte er hier auch die Mediation näher. Sie bringt das innere Gleichgewicht zurück und macht den Weg zum Glück nach sichtbarer.
Des Weiteren möchte der Buddhismus vermitteln, dass ein leidvolles Halten von jedem Menschen vermieden werden sollte.

Über die Jahre hinweg wurde aus dem Buddhismus eine Weltreligion, die heute einen festen Stand bei unzähligen Menschen eingenommen hat.
Angesprochen werden alle Suchenden, denen auf diesem Weg vermittelt wird, dass sie sich gegenüber selbst verantwortlich sind. Noch nicht nur das! Ebenfalls einen festen Bestandteil hat die Vermittlung von Toleranz und Handlungen ohne Gewalt.

3.Kapitel: Ängste loslassen und für immer überfinden

Jeder Mensch hat irgendwann Angst

Sie ist unberechenbar und kann dein Leben auf den Kopf stellen: Die Angst. Sie kommt immer dann, wenn du mit ihr nicht rechnest. Du bist der Meinung, sie endlich hinter dir gelassen zu haben und schon steht sie wieder neben dir und klopft dir vorsichtig auf die Schulter. Das kann sie gut! Sie schleicht sich an, ganz leise, bis sie dann ganz plötzlich „Hallo“ ruft und dich aus deinen schönen Träumen der Ruhe dem inneren Frieden weckt!

Was ein wenig lustig klingen mag, ist für Betroffene ein Teufelskreis. Kaum ist sie fort, scheint sie auch schon wieder einen Weg zurückgefunden zu haben und jedem Versuch schwindet der Mut, sie endlich zu besiegen!

Doch ist denn Aufgeben wirklich eine Option? Nein, in keinem Fall!
Es ist nicht selten kaum zu ertragen und die Angst nimmt dir die Luft zum Atmen, aber sie ist niemals ein Grund, um einfach deinen Kampf abzubrechen. Du weißt doch noch gar nicht, was alles Schönes auf dich wartet! Möchtest du es herausfinden? Dann gib nicht auf, sondern träume weiter von dem, was du dir wünschst und lasse diese Träume in naher Zukunft Wirklichkeit werden.

Und nun wartet hier eine Feststellung auf dich, mit der du vielleicht so nicht gerechnet hast. Auf deinem Weg zum Buddhismus hattest du ein ganz bestimmtes Ziel. Du wolltest ein besseres Leben für dich, Ängste besiegen oder einfach eine Lehre kennenlernen, die dich verzaubert hat. Über all diesen Gedanken und Sehnsüchten steht ein Mann: Buddha! Für dich gibt er ein ganz besonderes Bild ab. Du weißt, warum du dich dafür entschieden hast und du weißt, wie du ihn siehst! Dies nun noch weiter zu erörtern, sollte hier erst einmal keine Rolle spielen.
Was jedoch noch weiter beschrieben werden sollte, ist das Thema der Angst. Und nun wirst du überrascht sein: Jeder Mensch hat Angst! Auch Buddha wird von diesen Emotionen in seinem Leben nicht verschont geblieben sein. Vielleicht waren diese oder ähnliche Gedanken auch der Grund dafür, dass er sich aufmachte, eine Lehre ins Leben zu rufen, die noch heute wohl keinem Menschen völlig unbekannt ist.

Doch wie dem auch sei: Den wirklichen Grund kennt nur Buddha selbst!

Eines steht jedoch fest: Buddha befasste sich, wie viele Menschen jetzt natürlich auch, mit der Angst! Denn er sagte einst: „Lerne loszulassen! Das ist der Schlüssel zum Glück!“ Er fand seine Richtung und eine Tür, die er öffnen musste, um damit die Glückseligkeit zu finden. Doch wie ging er diesen Weg? Natürlich hilft das Wissen um diese beiden Sätze nicht auf lange Zeit weiter. Sie mögen dich ablenken und dir offenbaren, dass auch Buddha mit den gleichen Problemen zu kämpfen hatte, aber sie werden dir noch nicht die Tür und schon gar nicht den Schlüssel zeigen, denn du so lange schon suchst.

Dafür braucht es mehr! Wenn du deine Ängste endlich ziehen lassen möchtest und nicht mehr willst, dass sie dein Leben bestimmen, kann Buddha dein Lehrer sein. Er wird dir zeigen, wie du das Glück wieder zurückgewinnen kannst und deinen Alltag nicht mehr von etwas bestimmen lassen musst, was niemand in seinem Leben braucht!
Doch eines sollte dir auch bewusst sein: Angst ist normal und wird dich immer begleiten. Doch sie darf nicht täglich und grundlos bei dir sein! Es ist ein Gefühl, dass du in deinem Dasein immer wieder spüren musst, doch wenn du lernst, sie zu verstehen und akzeptieren, fühlt sie sich gar nicht mehr so schlimm an!

Federico Giordano

Vier Schritte zum Loslassen

Buddha riet einst zum Loslassen! Das klingt doch recht einfach oder? Ja, du hast Recht! Es klingt leicht, aber leider ist es das nicht, zumindest nicht auf Dauer! Mit der Angst ist es wie mit einem geliebten Menschen! Das hört sich wirklich seltsam an, aber es ist wahr.
Du möchtest einen Menschen, den du liebst, nicht gehen lassen! Du möchtest nicht spüren, wie es ohne ihn nicht. Du fürchtest dich vor der Leere und dem anderen Leben. Kurzum: Du hast Angst! Dann hört es sich doch gut an, einfach noch länger über den Verlust zu trauern, anstatt zu neuen Ufern aufzubrechen. Dieses Gefühl ist für dich nicht fremd und scheinst es fast schon schützend um dich zu legen.
Aber genau das solltest du nicht tun! Es gibt immer einen Grund, warum du nicht loslassen kannst. Du kannst diesen vielleicht nicht sehen, aber er ist da, ganz sicher! Er scheint sich zu verstecken und sich nicht offenbaren zu wollen. Aber wenn du lange genug suchst und nicht aufgibst, wirst du ihn auch finden.
Es braucht ein Umdenken, ein Erkennen und vielleicht auch das Umstellen von geliebten Gewohnheiten, aber es ist alles möglich! Die Angst muss dein Leben nicht länger bestimmen. Es liegt an dir, was du aus ihr machst!
Lass sie los und gib sie frei!

Doch wie gehst du vor? Wie kannst du wirklich erkennen, was dir so zu schaffen macht, dass du nicht mehr die Person bist, die du einmal warst?
Es gibt vier Schritte, bzw. Möglichkeiten, die du für dich nutzen kannst. Sie stellen dich auf die Probe, lassen dich vielleicht sogar zweifeln, aber am Ende machen sie dich auch glücklich! Denn sie geben dir den Schlüssen und zeigen dir eine Tür, die jetzt noch völlig verborgen ist.

1.Schritt: Fehlende Akzeptanz

Die Akzeptanz nimmt im Leben sehr viel Platz ein. Sie ist eigentlich überall und begegnet dir schon nach dem Klingeln des Weckers. Wenn du in diesem Moment nicht akzeptieren möchtest, dass du aufstehen musst, wirst du einfach liegenbleiben und später vielleicht mit Konsequenzen rechnen müssen. Und wenn du in den späten Abendstunden nicht akzeptieren möchtest, dass du irgendwann zu Bett gehen musst, wirst du am nächsten Tag sicherlich nicht pünktlich erwachen!
Du siehst also, dass sie überall ist und sich wie ein Kreis um deinen Alltag zieht. Und so spielt sie auch beim Loslassen eine wichtige und entscheidende Rolle.
Die Angst ist da und wir versuchen sie mit allen Mitteln zu verdrängen. Wir wollen sie nicht im Leben haben und Ablenkung ist doch immer die beste „Medizin“. Das mag für den Moment auch stimmen. Aber dieses Handeln wird dir niemals helfen, sie dauerhaft loszuwerden. Zwar kann dich dieses Denken aus schlimmen Phasen herausholen, aber

irgendwann befindest du dich wieder genau hier und fängst wieder von vorn an. Das, was du schon eine Weile nicht mehr gespürt hast, kommt nun einfach wieder „hoch" und belästigt wieder. Vielleicht sogar noch schlimmer, als zuvor. Momente sind präsenter, die dir zuvor Schwierigkeiten machen. Vielleicht hast du es geschafft, eine Weile hier keine Angst zu verspüren, aber spätestens in deiner „schlechten" Phase wird es dich hier wieder daran erinnern. Hier gibt es dann nichts mehr, was dich glücklich macht. Und so fängst du wieder an, deine Gedanken und Gefühle zu verdrängen und hoffst, dass es nun hilft. Aber du machst dabei leider einen entscheidenden Fehler: Du akzeptierst nicht, dass du diese Angst spürst und dass sie einfach da ist.

Und wie funktioniert es denn nun mit der Akzeptanz? Dafür gibt es eigentlich nur ein Wort: Radikal! Das ist nicht leicht, aber am Ende wirst du für das, was du zugelassen hast, belohnt werden.

Du musst also zuerst versuchen, dass was dir Angst macht, bzw. die Angst selber, zuzulassen. Sage „Hallo" zu ihr, denn sie möchte nichts anderes, als von dir gesehen werden. Hier erkennst du vielleicht schon deinen ersten Fehler der Vergangenheit. Du warst immer damit beschäftigt, sie von dir fernzuhalten und das mag sie überhaupt nicht. So versucht sie, immer stärker zu dir vorzudringen und dir klarzumachen, dass du sie sehen musst, ob du es möchtest oder nicht.

Nun ist sie also da und nun musst du ein wenig aufpassen. Sie wird dir bestimmte Signale senden. Diese kennst du am besten. Vielleicht ist es Schwindel oder Übelkeit? Nimmt diese Dinge an, aber bewerte sie nicht übermäßig. Sie sind nicht wirklich da, sondern du bildest sie dir eigentlich nur ein. Sie fühlen sich natürlich sehr realistisch an. Aber es entspringt alles nur deinem Kopf. Fühlen es, aber steigere dich nicht hinein.
Hier stoßen viele Mutige schon an eine erste Hürde. Warum ist der Schmerz oder das Gefühl so stark und wahrheitsgemäß, obwohl im Inneren doch völlig klar ist, dass es nicht echt sein kann? Hier braucht es einfach Geduld. Es kommt natürlich darauf an, wie lange du die Angst schon in dir trägst. Solltest du erst seit Kurzem davon betroffen sein, wirst du sicherlich schneller damit zurechtkommen. Aber sehr oft dauert der Kampf schon lange an. Es braucht oft mehrere Versuche, um zu verstehen, dass es nichts gibt, wovor du Angst haben musst. Auch die Angst selber kann dir nicht schaden!

2.Schritt: Die Furcht vor dem schlimmen Ausgang

Es könnte doch so einfach sein! Wenn wir einmal verstanden haben, dass die Angst keine Macht hat, könnte sie doch einfach fort sein! Aber leider ist das nicht Fall! Denn was bleibt dann zurück?
Innere Leere und etwas, dass wir noch nicht beschreiben können. Wie lange hast du dich gesorgt und wie lange war es dann täglicher Lebensinhalt, dich mit deiner Angst zu

beschäftigen? Es ist völlig richtig, dass du sie nicht mehr in deinem Leben haben möchtest, aber dennoch fehlt dir dann etwas und du weißt nicht, wie du diese Lücke füllen kannst. Es klingt paradox, aber dieses Denken ist völlig normal! Die Angst ist ein fester Bestandteil deines Lebens geworden, fast schon eine Art Gewohnheit und das bedeutet im nächsten Schritt auch schon wieder Sicherheit. Vielleicht hast du auch gedacht, dass du dich so vor anderen, noch größeren Problemen schützen kannst, wenn du an dem festhältst, was du schon kennst.

Hier ist es wichtig, dass du noch mutiger bist und es einfach wagst. Es ist an der Zeit, neue Wege zu gehen. Du weißt nicht, was noch auf dich wartet, aber wäre es nicht schön und aufregend, es einfach herauszufinden?

3.Schritt: Umgib dich mit „guten" Menschen

Das Umfeld macht viel im Leben aus. Wenn du mit Personen zusammenbist, die den ganzen Tag nur über sich und ihren Alltag klagen, wird es dir dabei nicht besser gehen. Kennst du aber viele Menschen, die immer glücklich sind und das Beste aus dem machen, was sie besitzen, dann wirst du von ihrem Glück, zumindest ein wenig, angesteckt. In jedem Fall fühlst du dich besser, wenn du bei ihnen bleibst, als dich für die andere Seite zu entscheiden.

Ähnlich gestaltet es sich mit dem Hier und Jetzt. Buddha sagte einmal: „Wir sind, was wir denken!". Was geschieht also, wenn du dich dazu entscheiden würdest, nur über deine Vergangenheit oder deine Zukunft nachzudenken? Du würdest in deinem Hier und Jetzt gar nicht mehr da sein! Natürlich bist du noch körperlich anwesend, aber du würdest viel wahrscheinlich in Zeiten verweilen, die jetzt keine, oder auch noch gar keine Rolle spielen. Das führt natürlich auch dazu, dass du dich weiterhin immer wieder in Verdrängung übst. Du merkst es vielleicht gar nicht, weil du mit anderen Gedanken beschäftigt bist, aber keine Sorge, die Angst meldet sich ganz sicher wieder zu Wort.

Buddha hat für ein solches Denken ein klares Ziel für dich: Die Meditation (mehr dazu im nächsten Kapitel)! Hier steht die Achtsamkeit und natürlich auch die innere Ruhe im Vordergrund. Er war der Meinung, dass Meditation Weisheit bedeutet und mangelnde Meditation Unwissenheit. Natürlich heißt das jetzt nicht, dass alle Menschen, die es noch nicht probiert haben, nicht schlau sind, aber es macht deutlich, wie wichtig es für ein glückliches und zufriedenes Leben ist. Hier kannst du lernen, wieder das zu sehen, was sich jetzt umgibt. Alles andere ist dann nicht mehr wichtig und wirst du sicherlich mehr als einmal lächeln, weil du etwas siehst, dass du so noch gar nicht erkannt hast.

4.Schritt: Du musst noch lernen

Wie schon zuvor angedeutet, braucht es meistens mehr als nur einen Versuch! Einmal das Gefühl der Angst zu spüren, reicht oft nicht aus, um es auf Dauer nicht mehr erfahren zu müssen. Oft will uns der Körper etwas damit sagen, doch wir verstehen es

einfach nicht richtig oder nehmen es falsch auf.
Manchmal ist es also so, dass sie uns etwas mitteilen möchte. Sie will uns einen Hinweis geben, etwas anders zu machen und das nächste Mal einen anderen Weg zu wählen. Doch nicht immer erkennen wir es und stufen dieses Gefühl einfach nur als störend ein, bis wir es wieder verdrängt haben.
Das Leben besteht aus Lernen und Erfahrungen. Vielleicht musst du einfach mehrere Mal fühlen und erkennen, was die Angst dir sagen möchte. Oftmals trägt sie eine Botschaft zu dir, die du einfach nur „lesen" musst.
Dann wirst du auch loslassen können, wenn du bereit dazu bist!

Angst und Wahrnehmung

Deine Angst und auch deine Wahrnehmung liegen sehr dicht beieinander. Buddhisten vertreten die Meinung, dass die Angst „nichts weiter“ als ein Wahrnehmungsfehler des Menschen ist. Wir projizieren Bilder in uns, die in keiner Weise der Wahrheit entsprechen. Aber sie sind so realistisch und nah, dass sie unseren gesamten Verstand völlig durcheinander bringen können.
Hast du vielleicht auch schon einmal eine Vorstellung in deinen Gedanken geformt, die so schrecklich war, dass dein Körper von einem Schauer geschüttelt wurde? Dann weißt du, was Buddhisten mit dieser Aussage zu verstehen geben wollen.
Doch die Ausführungen der Buddhisten gehen noch weiter. Sie sagen, dass Menschen, die aus welchen Gründen auch immer, sehr wenig Liebe erfahren, besonders empfänglich für dieses Gefühl sind. Wenn sich dann noch Neid oder auch Verbitterung hinzugesellen, ist der innere Konflikt nahezu perfekt.

Das die Gegenwart wichtig ist, hast du bereits erfahren. Doch lebst du diese Zeit auch voller Mitgefühl? Hier fühlst du, laut Buddhisten deine wahre Stärke und wirst auch in der Lage sein, der Angst weniger Raum zu geben.

Wenn ein Mensch das Leid nicht zulässt, wird er auch Angst empfinden. Das hast du bereits bei den Grundlagen des Buddhismus erfahren können. Dabei würde doch alles viel einfacher sein, wenn du in der Lage bist, auch einmal

Schmerz zu empfinden. Aber natürlich: Wer möchte das schon gerne freiwillig über sich ergehen lassen! Aber hier musst du klar unterscheiden. Gegen Schmerz kannst du nicht immer etwas unternehmen. So ist es auch mit der Angst! Aber wie verhält es sich mit dem Leid? Hier kannst du selbst wählen: Du musst nicht leiden, wenn du es nicht möchtest. Dies entspringt der Freiwilligkeit, laut Buddhisten.
Denke darüber nach, was dir der Schmerz sagen möchte. Wenn du ihr akzeptierst, wirst du auch deutlich weniger Leid empfinden. Das heißt, wenn du gelernt hast, aus ihm zu lernen, wird er dir helfen! Im Umkehrschluss heißt das natürlich das Gleiche für deine Angst.

Die nächste Aussage, die selbstverständlich auch dem Buddhismus entspringt, wird dich sicherlich genauso gut überraschen. Denn sie scheint die Lösung für alle angstvollen Menschen zu sein.
„Wenn der Umgang mit der Angst das Ziel ist, konzentrieren wir uns auf das Jetzt!“
Es klingt doch fast zu schön, um wahr zu sein. Wenn du schon einmal die pure Angst erlebt hast, weißt du, wie schwer es ist, die Zeit nicht zu vergessen. In der Regel hältst du dich dann an einem anderen Ort auf. Du bist nicht mehr bei dir! Hierbei geht es um vergangene Erfahrungen. Irgendetwas hat dir vor vielen Jahren Sorgen bereitet und das beschäftigt dich natürlich auch heute noch. Auch wenn diese Ängste in der Gegenwart mit der damaligen Zeit nicht mehr unbedingt in

Verbindung stehen, versucht dein Kopf, dir genau das zu sagen. Du sorgst dich, dass dir das Gleiche oder etwas ähnliches noch einmal geschehen könnte. Es könnte fast als eine Erwartungsangst bezeichnet werden.

Aber auch in der Zukunft kann sich sehr viel Angst verbergen. Wenn das bei dir auch so ist, dann darfst du dir sicher sein, dass du damit nicht allein bist. Es geht wohl den meisten Menschen so. Nur ist es immer eine Frage, wie du damit umgehst. Hier machst du dir eher darum Gedanken, was passieren könnte. Ein recht gutes Beispiel sind Kinder. Eltern grübeln oft darüber nach, ob sie alles richtig machen und den Kleinen auch einen guten Weg in die Zukunft ebnen. Sie hoffen, dass sie gut aufwachsen und ein Leben genießen werden, in dem sie auch wirklich glücklich sind. Diese Sorgen sind durchaus normal! Es wäre fast schon seltsam, wenn du dir als Mama oder Papa darum keine Gedanken machen würdest.

Aber genau diese Zeiten, die Zukunft und die Vergangenheit sind die Gegebenheiten, die der Buddhismus „sieht“ Hier lernst du, deinen Fokus abzuwenden und dich nur noch auf die Gegenwart zu konzentrieren. Und das hat auch einen guten Grund: Wenn du das kannst, verlierst du auch deine Ängste, denn wie du jetzt weißt, liegt viel davon in diesen Zeiten verborgen. Es ist im Hier und Jetzt nicht nötig, sich in Fantasien zu verlieren. Fragen nach dem, was passieren könnte, spielen hier keine Rolle! Du lebst jetzt! Und nicht gestern oder morgen!

Der Buddhismus besagt weiterhin, dass seelischer und geistiger Frieden zu den polaren Gegensätzen der Bindung zählen. Doch hier stehen sehr viele Menschen vor einem Problem. Sie sind der Meinung, dass sich dieses Denken nur am Erhalten und auch Erreichen von Gütern festmacht. Doch das ist nicht der Fall! Wie verhält es sich denn mit Frieden und Liebe? Der materielle Besitz allein führt einen Menschen nicht zum Glück! Dazu gehört noch viel mehr. Doch das wird leider oft erst dann gesehen, wenn es schon nicht mehr da ist und eine endlose Suche beginnt.

Das ständige Anstreben von neuem Besitz sollte nicht das Leben ausfüllen, so besagt es der Buddhismus. Das Loslösen ist hingegen viel wichtiger. Die Lehre geht sogar so weit, dass sie sagt, dass selbst das Leben eines Menschen ihm nicht gehöre. All dies ist viel mehr eine flüchtige Realität, die irgendwann vergeht.

Doch was, wenn wir nicht in der Lage sind, dass anzunehmen? Dann ist eine schädliche Bindung das, was wohl unser Leben prägen wird. Angst und Verlust bestimmt den Alltag und der Teufelskreis beginnt. Das klingt unglaublich? Aber es entspricht der Wahrheit! Vielleicht hast du es auch selbst schon erlebt. Wenn du an etwas ganz besonders stark hängst, völlig egal, was es ist: Wie fühlst du dich allein schon bei der Vorstellung, dass es morgen nicht mehr da sein könnte? Du kannst es mit deinen Gedanken sicherlich kaum fassen, aber genau das möchte dir der Buddhismus vermitteln. Je mehr Energie und

Halt du in eine Sache steckst, desto mehr Angst wirst du empfinden.
Das heißt natürlich nicht, dass du nichts lieben und schätzen darfst, ganz im Gegenteil. Denn besonders die Liebe nimmt hier auch einen sehr großen Stellenwert ein. Viel wichtiger ist jedoch auch die Akzeptanz. Es geht darum, zu verstehen, dass nichts für immer ist! Wenn du das in deinem tiefsten Inneren kannst, wird die Angst dich nicht überrennen.

Doch dieses Denken fällt auch einem Buddhisten nicht immer leicht, auch wenn es jetzt so klingen mag. Auch sie triften ab und machen Fehler! Das ist nur menschlich und somit auch normal. Auch hier darfst du nicht zu viele Gedanken verschenken. Du darfst Fehler machen, beschäftige dich damit also nicht weiter, denn dann fütterst du deine Angst nur noch mehr! Lerne aus deinem Fehler, denn dann bewahrst du dich auch vor einer Situation, die noch einmal genauso wie zuvor vonstattengeht.

All das umzusetzen, ist sicherlich nicht einfach. Es braucht viel Zeit und natürlich auch deine persönliche Ausdauer. Aber wenn du es schaffst und diese Gedanken und Hilfen für dich übernimmst, wirst du die Angst in deinem Inneren bezwingen können. Freue dich darauf: Es ist ein gutes Gefühl! Besonders dann, wenn du zu den Menschen gehörst, die sehr oft mit Ängsten beschäftigt sind. Das Leben sollte nicht von Sorgen und negativen Gedanken bestimmt werden!

4.Kapitel: Die Mediation – Bringe deinen Geist zur Ruhe

Ein wichtiger Bestandteil

Auch wenn du noch nicht vollständig in die Tiefen des Buddhismus eintauchen konntest, hast du eines sicherlich schon erfahren: Die Meditation spielt hier eine wichtige Rolle.
Nun stellen sich viele Menschen sofort eine Person vor, die einer bestimmten Haltung auf dem Boden sitzt und auf etwas lauscht, das Außenstehende nicht hören können.

So mag es auch erscheinen, aber hinter einer richtigen Mediation steckt natürlich viel mehr. Bis ein Mensch mit Gewissheit sagen kann, dass er wirklich alle inneren Einflüsse komplett ausblenden kann, vergeht unter Umständen sehr viel Zeit. Es kommt natürlich

immer auf die Einstellung und die Möglichkeiten an.
Aber im Großen und Ganzen verbirgt sich hier ein Prozess, der sehr viel Arbeit und auch Durchhaltevermögen braucht.

Im Buddhismus nimmt die Mediation einen sehr hohen Stellenwert ein. Denn wie du weißt, spielt der Geist hier eine wichtige Rolle. Dieser kann durch die unterschiedlichsten Einflüsse gestört werden.
Wenn du auf dein Leben schaust, kann es z.B. Stress, Ängste oder auch Ärger sein. Während der eine sehr gut damit zurechtkommt und schon bald wieder festen Boden unter den Füßen spürt, fällt es anderen Menschen sehr schwer. Sie versuchen zwar auch, aus diesem Kreislauf herauszukommen, doch es gelingt ihnen nicht.

Hier ist aber Aufgeben natürlich keine Option. Und aus diesem Grund finden sehr viele ihr Seelenheil in Buddha. Natürlich führt allein das Interesse dieser Lehre nicht zu einer gelungenen Meditation, aber es bringt Interessierte einen guten Schritt in die richtige Richtung.

Und wie ist es bei dir? Hast du dich schon einmal in der Meditation versucht? Natürlich musst du es nicht. Niemand wird dich im Buddhismus zu etwas zwingen. Wenn du der Meinung bist, dass die Meditation nichts für dich ist, dann ist es deine Entscheidung. Aber hier frage dich kurz selbst: Hast du es schon

einmal probiert und wenn nicht, woher weißt du dann, dass dein Geist mit diesen Techniken keine Befreiung finden kann?
Diese Entscheidung ist keineswegs leicht zu treffen. Erst dann, wenn du einen Versuch gewagt hast und vergebens auf eine Verbesserung gewartet hast, kannst du mit Gewissheit sagen, dass es für deine Leben nicht geeignet ist.
Früher solltest du dieses Denken jedoch nicht zu lassen.

Und jetzt? Bist du vielleicht doch neugierig geworden und möchtest mehr erfahren, wie du die Meditation an dich heranlassen kannst?
Dann findest du das, was du suchst, genau hier!

Tipps für ein gutes Gelingen

Vielleicht erwartest du jetzt Hinweise, die genauso sagenumwoben sind, wie die Mediation selbst. Aber genau das wirst du hier nicht finden. Es erwarten dich Tipps, die verständlich und auch in der Umsetzung recht einfach sind.
Sie ebnen dir einen Weg zu einer Technik, die dein Leben entscheidend verändern kann. Bist du bereit, dieses neue Gefühl zuzulassen und das entgegenzunehmen, was auf dich wartet? Dann ist es an der Zeit, zu beginnen! Am besten noch heute! Du wirst du für deinen Tatendrang belohnt werden.

1.Tipp: Jeden Tag üben

Eines weißt du ganz bestimmt: Übung macht den Meister! Das ist bei sehr vielen Dingen im Leben so.
Und natürlich ist auch bei der Meditation nicht anders. Was vielleicht von außen sehr leicht aussieht, braucht sehr viel Konzentration und natürlich auch Zeit. Es gibt Menschen, die der Meinung sind, es reicht das Setzen an einen ruhigen Ort, kurz die Augen schließen und schon ist der Geist befreit. Aber so einfach ist das natürlich nicht!
Um wirklich dieses hohe Ziel zu erreichen, brauchst du sehr viel Disziplin und du wirst bei deinen Übungen überrascht sein, was dich alles ablenken kann. Es sind die Geräusche deiner Umgebung, aber auch dein Denken!

Wenn du zur Ruhe kommst, kann dein Kopf dein größter Feind sein. Das klingt jetzt hart, aber Menschen, die sich an die Meditation wagen, können es dir vielleicht bestätigen.
Wenn du es auch versuchen möchtest, solltest du dir täglich ein festes Zeitfenster einrichten. Du musst dir keine Sorgen machen, dass du es in deinem Alltag nicht unterbringen könntest. Für den Anfang reichen schon 5 bis 15 Minuten. Hier darfst du frei nach deinem Gefühl entscheiden. Wenn du dich nur für 5 Minuten gänzlich konzentrieren kannst, dann sollte das für den Beginn reichen. Sieh es als ein Anfang und versuche nicht unter Druck noch mehr Zeit herauszuschlagen. Der Grundgedanke der Übungen geht hierbei in jedem Fall verloren. Achte auf das, was dein Körper dir sagt!
Im Idealfall kannst du dies auf zweimal täglich ausbauen. Besonders dann, wenn dich für 5 Minuten entscheidest, kann es dich bedeutend schneller an dein Ziel bringen.
Es ist wirklich wichtig, dass du täglich an dir arbeitest.
Heißt also für dich: Zweimal täglich ungefähr 5 bis 15 Minuten meditieren. Anfänglich wirst du dich vielleicht noch an einer direkten Übung versuchen, sondern probieren, ob Ort und Gegebenheiten passen.
Aber du hast so schon deinen ersten Einstieg geschafft!

2.Tipp: Dehnungsübungen

Dies ist nicht nur für den Einstieg wichtig, sondern solltest du jedes Mal durchführen:

Dehne dich, bevor du mit deiner Technik beginnst.
Auf diese Weise schaffst du für dein Inneres ein Entspannungsfeld. Deine verspannten Muskeln werden gelockert und es wird sich auch für dich viel besser anfühlen.
Wie du diese Übungen angehst, kannst du frei entscheiden. Es gibt verschiedene Methoden, die an die Meditation angelehnt sind, aber du kannst es natürlich auch frei nach deinem Willen entscheiden.
Wichtig ist dabei, dass du deinen ganzen Körper einmal richtig streckst und ihm somit ein neues Gefühl gibst.
Im Idealfall unternimmst du dies auch zweimal am Tag. Morgens und dann vor deiner Übung. Oder, solltest du zweimal üben, immer direkt davor. Finde für dich heraus, wann es dir am besten gefällt und auch gut tut.
Natürlich kannst du dich auch mehrmals strecken und dehnen, bis du wirklich der Meinung bist, dass du jetzt gut starten kannst.

3.Tipp: Der Ort

Der Platz, an dem du in der Zukunft deine Mediation durchführst, ist wichtiger, als du dir vielleicht vorstellen kannst.
Die meisten Menschen wechseln in der Kennlernphase den Ort, weil sich die sicher geglaubte Zufriedenheit einfach nicht einstellt. Das kann dir auch passieren, aber das sollte dich natürlich abhalten, sondern deinen Wunsch nur noch mehr reifen lassen.
Am besten kann sich dazu dein Wohnzimmer eignen. Hast du die Möglichkeit, die hier einen ganz persönlichen Ort zu schaffen? Diesen kannst du mit einer Buddha-Statue und Kerzen ausschmücken. Wenn dir noch etwas anderes sehr gut gefällt, ist natürlich auch das erlaubt. Eigentlich sind deiner Fantasie keine Grenzen gesetzt. Das Gewählte sollte nur nicht die Ruhe stören.
Es ist wichtig, dass du diesen Ort von der ersten Übung an aufsuchst. Wenn es dir nicht möglich sein sollte, deine Meditation dort auszuführen, warte am besten, bis es funktioniert. Denn so gewöhnst du dich schneller daran, fühlst dich wohl und musst dich nicht immer auf einen anderen Ort einstellen.
Wenn du alles richtig machst, und das wird dir sicher gelingen, wirst du dich an deinem selbst gestalteten Ort sehr wohl fühlen. Wo er ist, entscheidest du allein!

4.Tipp: Vermeide Störungen

Das Wichtigste bei der Meditation ist Ruhe. Wenn du mitten in deiner Übung bist, und plötzlich das Telefon klingelt, wirst du sofort

„erwachen“ und kannst noch einmal von vorn beginnen. Beim Einstieg in deine Übung gestaltet es sich natürlich genauso.
Ebenfalls beeinträchtigen wird dich dein Handy, wenn es nicht abgeschaltet ist und jemand dich erreichen möchte. Mach dir keine Gedanken: Er wird es noch ein zweites Mal versuchen und 15 Minuten sind auch keine lange Zeit. Am besten ist natürlich, du schaltest es sofort aus. Denn schon, wenn nur der Ton aus ist und du sonst sehr oft auf dein Handy schaust, werden deine Gedanken sicher immer wieder dort sein.
Die Klingel ist der nächste Faktor, der dich schnell aus deiner Übung bringen kann. Plane deine Meditation so ein, dass du keinen Besuch erwartest. Solltest du dir nicht sicher sein, ob vielleicht die Post vorbeischauen könnte, stecke am besten die Klingel ab, solltest du die Möglichkeit haben. Dann bist du auf der sicheren Seite und weißt in jedem Fall, dass dich niemand stören kann.
Wenn du nun vielleicht denkst, dass die Form der Abschaltung ein wenig übertrieben klingt, täuscht du dich leider. Besonders dann, wenn du noch am Anfang stehst, wird dich schon das kleinste Geräusch aus der Ruhe bringen und deine Meditation unterbrechen. Selbst Fortgeschrittene schätzen eine ruhige Stimmung mehr, als du dir jetzt vorstellen magst.
Du wirst es bald selbst erfahren können. Es ist ein unsagbar schönes Gefühl, einfach nichts zu hören und auch zu wissen, dass keine Geräusche auf dich einprasseln. Stille kann so schön sein!

Kleiner Tipp: Solltest du Kinder haben, dann plane deine Übungen in ihrer Schul- oder Kindergartenzeit. Dann bist du auf der sicheren Seite! Denn selbst dann, wenn du deinen Schützlingen ans Herz legst, nicht zu stören, kannst du nie sicher sein, dass es auch wirklich klappt. Und schon dieser Gedanke kann jeglichen Erfolg im Keim erstiegen.
Achtsamkeit und Ausgeglichenheit sind ein wichtig gut! Die Welt ist oft viel zu laut und wir verlieren die Kontrolle. Doch mit Ruhe und Besonnenheit findest du das, was du verloren hast.

5.Tipp: Ein Buch lesen

Liest du gern? Dann wird die Umsetzung dieses Tipps sicherlich nicht schwer fallen. Hierbei geht es aber nicht um irgendein Buch, sondern um eines, dass auch zum Thema passt. Hier sollte die Mediation das tragende Thema sein.
Die Auswahl ist natürlich sehr groß und du solltest mit Bedacht auswählen, bis du das richtige Exemplar für dich gefunden hast. Ein bis zwei Bücher reichen für den Beginn aus. Mit diesem Wissen kannst du dann anfangen, zu arbeiten.
Sehr gut wäre es auch, wenn du dich nach CDs umsiehst, in der Übungen geführt werden. Hier kannst du dich in die richtige Stimmung bringen und hast auch gleich einen Sprecher, der die Mediationen leidet. Später wirst du diesen vielleicht nicht mehr brauchen. Eventuell findest du es aber auch sehr entspannend, und legst die CD bei jeder

deiner Übungen ein. Greife aber zur richtigen! Zu Beginn solltest du auf jeden Fall eine Variante wählen, die für Anfänger ausgelegt ist. Später kannst du dich immer noch weiterführend umschauen und erweitern.

6.Tipp: Atmen

Das Atmen ist wichtig, daran gibt es keine Zweifel. Würden wir Menschen das nicht können, würden wir nicht leben.
Doch meistens nehmen wir es als selbstverständlich hin. Warum auch nicht? Es ist immer da und es funktioniert. Wir können uns darauf verlassen, dass sich der Brustkorb hebt und senkt. Das ist natürlich auch gut so, aber die Atmung kann uns auch einen Streich spielen und alles gerät ins Wanken.
Wenn du es noch nicht erlebt hast, ist die Vorstellung vielleicht nicht ganz leicht. Aber wenn doch, weißt du sehr gut, wie es sich anfühlt. Ein Mensch, der eine Angstattacke lebt, spürt auch das Atmen ganz anders. Ihr atmet er viel zu schnell ein, schnappt nach Luft, obwohl diese ausreichend zur Verfügung steht. Er verliert den Halt und scheint plötzlich zu vergessen, wie etwas richtig funktioniert, was er bis dahin jeden Tag getan hat.
Die Meditation braucht ebenfalls eine ruhige und ausgeglichene Atmung. Wenn das nicht gegeben ist, wirst du dein Ziel auch nicht erreichen.
Doch wie geht es? Hier wirst du feststellen, dass es eigentlich gar nicht so schwer ist. Atme einfach tief ein. Sei dabei nicht hektisch, sondern ruhig und konzentriere dich nur

darauf. Dein Herzschlag wird ruhiger und deine Muskeln können sich entspannen. Schaue nur auf das, was dein Atem dir zeigt.
Sehr viele Menschen, die erste Schritte in der Mediation gehen, nutzen dies sogar als Übung. Denn was einfach klingt, ist es nicht immer! Aber wenn du es einmal geschafft hast, wirst du die Ruhe in der spüren können. Und du darfst dir sicher sein: Sie fühlt sich wunderbar und unvergleichlich an.

7.Tipp: Nicht ärgern

Auch wenn du voller Energie und Vorstellungen bist, ist aller Anfang bekanntlich schwer. Du kannst noch so motiviert sein, und dann klappt es nicht!
Hier spielen viele Faktoren eine Rolle. Vielleicht hast du den falschen Ort gewählt, oder hast heute einfach nicht die nötige Ruhe, um diesen wichtigen Schritt zu gehen. Es kann sein, dass du etwas erlebt hast, was du nicht aus dem Kopf bekommst (auf Arbeit oder auch in der Familie) und nun sitzt du an deinem wundervollen Ort und findest einfach nicht das, was du so sehnlichst erhofft hast!
Das alles ist völlig normal, besonders zu Beginn! Du musst erst noch lernen, dich frei und ungezwungen auf dieses Gefühl einzulassen. Es mag einfach klingen, aber wenn du es einmal selbst versucht hast, wirst das sicherlich nicht mehr denken.
Du bist nicht zu schwach! Der Mensch lässt sich von unheimlich vielen Dingen ablenken. Manchmal kannst du die Gründe gar nicht erkennen, sondern ärgerst dich einfach nur! Aber das solltest du nicht tun! Vielmehr ist es

wichtig, dass du dich dabei entspannst und dir sagst, dass es beim nächsten Mal besser klappen wird. Verändere etwas, wenn du der Meinung bist, dass es dich stört. Vielleicht kommst du deinem Ziel schon dann ein Stück näher.

Und wenn du nun denkst, dass nur Anfänger dieses Problem haben: Nein, auch Fortgeschrittene stolpern immer wieder über kleinere und große Hürden. Du siehst, es wird dich begleiten.

Ärgern wird dich hier nicht weiterbringen, sondern dein Handeln und Denken nur noch mehr einschränken. Versuche, den Moment so zu akzeptieren wie er ist. Es klappt nicht immer auf Anhieb und das sollte dich auch nicht aufhalten, es immer wieder und wieder zu versuchen.

Der Geist des Menschen ist etwas, was keiner beschreiben kann, auch wenn er der Meinung ist, diesen genau zu kennen. Du musst ihn ergründen, ihm langsam nahe kommen, um ihn dann völlig frei bewegen und zur Ruhe bringen zu können.

Lasse deinen Atem sprechen, konzentriere dich darauf und schiebe den Tag in den Hintergrund. Es wird dir gelingen, auch wenn es ein paar Übungen und Tage braucht! Du schaffst es!

8.Tipp: Experimente

Es gibt beim Meditieren keine festen Regeln. Viele Menschen sind der Meinung, ein gutes Gelingen und Ausgeglichenheit sind nur im Lotussitz möglich. Aber das ist nicht der Fall.

Prinzipiell gilt: Richtig ist, was dir gefällt und für dich gut ist.
Vielleicht kannst du dich im Liegen am besten entspannen? Sehr gut, dann versuche deine Übung in dieser Position und spüre das Gleichgewicht und deinen Geist. Auch kannst du selbst entscheiden, ob du die Augen öffnest oder nicht! Alles ist möglich und die Übungen lassen dir diese Entscheidung auch frei.
Du würdest nur selten eine Technik finden, die eine bestimmte Sitzhaltung oder ähnliches fordert. Du darfst völlig frei entscheiden und das sollst du auch!
Die erste Zeit wird sicherlich noch voller Experimente stecken. Vielleicht denkst du, dass Sitzen für dich die richtige Haltung ist, musst dann aber feststellen, dass es doch nicht so gut funktioniert. Dann versuche einfach etwas anderes! Doch vielleicht möchtest du das Sitzen nicht aufgeben, hast aber Beschwerden dabei? Auch kein Problem: Dann schaue dich nach einem Meditations-Kissen um. Es hat ungefähr eine Höhe von 20 cm und wird dir das Sitzen mit vor allen Dingen gekreuzten Beinen erleichtern.
Probiere ruhig alles aus, was dir in den Sinn kommt. Es gibt eigentlich keine Haltung, die du nicht nutzen kannst. Vielleicht variiert es auch zwischen den Übungen. Das ist auch kein Problem!

9.Tipp: Achtsamkeit

Meditation hat sehr viel mit Achtsamkeit zu tun. Doch leider geht sie viel zu oft verloren. Wir sind zu sehr mit uns selbst beschäftigt,

dass wir das Schöne um uns manchmal gar nicht mehr sehen können.
Ein wunderbarer Einstieg zur Meditation ist genau dies. Achte für ein paar Minuten am Tag auf das, was sich im Hier und Jetzt befindet. Dazu braucht es jedoch Ruhe. Halte inne, setze dich hin und schaue dich um. Du wirst vielleicht etwas sehen, was du schon lange vergessen hast. Aber versuche auch noch etwas anderes: Höre auf deinen Atem. Auch hier kannst du Überraschendes feststellen. Vielleicht atmest du zu schnell, zu tief oder auch völlig normal. Dieser kann dir sehr über dich und dein Inneres verraten.
Die Achtsamkeit kann dein Leben verändern, wenn es bis heute noch keinen festen Bestandteil in diesem hat. Du siehst die Welt mit anderen Augen und kannst dich selbst völlig neu kennenlernen.
Das Jetzt, dort, wo du dich gerade befindest, ist wunderschön und ein Ort, der voller Überraschungen steckt.

10.Tipp: Kerzen

Magst du Kerzen? Wenn ja, dann ist dieser Tipp sicherlich sehr hilfreich für dich. Vielleicht möchtest du gerne mit geschlossenen Augen meditieren, stößt dabei aber immer wieder auf Probleme.
Dann stelle doch vor dich einfach eine Kerze. Achte darauf, dass es keine Tafelkerze ist, nur um auf Nummer Sicher zu gehen. Verwende dafür Teekerzen oder etwas ähnliches. Wichtig ist, nur dass sie nicht umfallen können. Denn deine volle Konzentration sollte natürlich auf der Meditation liegen.
Ziel dieses Hinweises für dich ist es, besser in die Meditation einzusteigen. Du kannst dann deine Augen in der Übung ganz leicht öffnen und immer wieder einen „zarten“ Blick auf die Kerze riskieren. Du wirst schnell merken, dass es so viel einfacher für dich sein kann. Finde es heraus!

11.Tipp: Keinen Stress

Das ist wohl das Wichtigste, was du beim Einstieg beherzigen solltest. Verzichte in jedem Fall auf Stress und dieser wird in der ersten Zeit ganz sicher aufkommen.
Du wirst voller Erwartungen in die Meditation starten und vielleicht noch nicht das erreichen, was du dir vorstellst. Aber das sollte dich in deinem Elan nicht aufhalten.
Du wirst viel Probieren und auch Abwarten müssen. Wenn du schon aufgeregt und völlig gestresst in deine Übung gehst, wirst du auch keinen Erfolg haben. Du brauchst absolute Ruhe, denn nur so kannst du deinen Geist

öffnen und auch wirklich völlig in deiner Übung versinken.
Doch was, wenn dich doch die Nervosität mitten in der Übung überkommt? Dann ist noch lange nicht alles umsonst. Versuche, bei dir zu bleiben und dich nicht von deinen Gefühlen „überfahren“ zu lassen. Komme zur Ruhe und höre auf deinen Atem. Tief einatmen und dann wieder aus. Wenn du dies eine Zeit lang getan hast, wirst du auch schon bald wieder die Ruhe verspüren, die du suchst!

12.Tipp: Am Morgen meditieren

Um wirklich recht schnell Erfolg zu haben, solltest du in den Morgenstunden meditieren. Am besten gleich nach dem Aufstehen! Das hat gleiche mehrere Vorteile. Zum einen ist es gut möglich, dass du der einzige bist, der schon wach ist (je nach dem, wann du beginnst) und du hast noch nicht mit der großen Gedankenflut des Tages zu kämpfen. Dein Geist ist noch ruhig und äußere Einflüsse werden dich auch kaum stören.

Je später du beginnst, desto mehr Störfaktoren können deinen Erfolg beim Meditieren schmälern.

Wenn es dir möglich ist, stehe 15 Minuten eher! Dann hast du noch ausreichen Zeit und kommst auch arbeitsmäßig nicht in Bedrängnis!

13.Tipp: Dankbarkeit

Du weißt sicherlich schon, wie wichtig es ist, dankbar zu sein! Wir vergessen es oft über den Tag.

Wenn du mit deiner Meditation geendet hast, bedanke dich kurz dafür, dass du gemacht hast und erleben konntest. Sie hilft dir in vielen Bereichen und gibt dir Kraft, wenn du sie nicht mehr zu finden glaubst!

Sie ist wichtig und kann dein Leben völlig verändern. Dafür lohnt es sich doch durchaus, einfach kurz „Danke“ zu sagen.

14.Tipp: Durchhalten

Wenn du dich für die Meditation entscheidest, ist das Durchhalten unsagbar wichtig. Auch wenn sich der Erfolg noch nicht gleich einstellt, gib nicht auf. Du wirst es irgendwann fühlen können, doch manchmal braucht es einfach noch ein bisschen Zeit. Versuche eine andere Übung, kaufe dir zur Unterstützung eine CD oder lese noch ein weiteres Buch. Es ist wichtig, dass du am Ball bleibst und nicht vergisst, was du dir einst vorgenommen hast!

Es ist harte Arbeit, deinen Geist zu kontrollieren und innere Ruhe zu finden. Es braucht jeden Tag ein bisschen Übung und du musst auch lernen, kleine Rückschläge zu überwinden und wieder neu zu beginnen. Aber wenn du bereit bist und es wirklich willst, wirst du am Ende belohnt und kannst deinen Geist frei entfalten und auf einer neuen Ebene wahrnehmen. Es ist ein unvergleichliches Gefühl, welches du nicht mehr missen möchtest!

5.Kapitel: Die Veränderung des Lebens – Teil 1

Kein fester Plan

Was ist das Ziel eines jeden Menschen? Findest du sofort eine Antwort? Sicherlich gibt es sehr viel, was dir in einem solchen Moment durch den Kopf geht. Du hast Träume und Vorstellungen, möchtest diese verwirklichen und nach deinen Gedanken leben.

Aber leider verläuft das Leben nicht immer nach Plan. Es liegt nicht an dir, sondern es gehört einfach dazu!

Federico Giordano

Stelle dir nur vor, du könntest dein Leben jeden Tag bis ins kleinste Detail planen! Wo bleiben dann die Überraschungen der Spaß, der einfach mit dazugehört. Sicherlich kommt es so auch zu Ereignissen, die du lieber nicht erleben möchtest, aber genau diese Augenblicke machen dich stark und zeigen dir, was du alles kannst!

Aber dennoch ist nicht jeder Mensch gleich. Während jemand sehr gut mit Herausforderungen und neuen Gegebenheiten zurechtkommt, fällt es einem anderen wieder sehr schwer. Und dieser „andere" könntest du sein. Dein Leben gerät ins Wanken und du suchst Halt. Du hast das Gefühl, dass das Positive verschwindet, und nur noch das Negative zurückbleibt.
Ob das wirklich der Fall ist, obliegt deiner Beobachtungsgabe. Wenn du dich aber ohnehin schon nicht gut fühlst, wirst du auch dazu neigen, die kleinen negativen Veränderungen übermäßig zu bewerten.

Die Lehre des Buddha vermittelt kurz gesagt Ruhe und Ausgeglichenheit. Es scheint so leicht zu sein, doch in der Realität kann genau dieses einfache Denken zu einer großen Hürde werden.
Es stehen nur noch Fragen im Raum und keine einzige scheint auch nur den Funken einer Antwort zu erhaschen.
Aber auch das liegt nur an deiner Sichtweise!

Sicherlich denkst du dir jetzt, dass es nicht sehr aufbauend klingt, oder? Aber das musst du nicht, denn hier und heute wird sich etwas verändern. Es ist nicht der Tag, der dich zum Verzweifeln führen soll. Heute steht die Hoffnung im Vordergrund. Es kann sich nicht nur alles verändern, sondern es wird sich alles verändern, wenn du es möchtest! Und das natürlich zum Guten!

Vielleicht wirst du jetzt sagen, dass es doch unmöglich so leicht sein kann. Ja, hier hast du bedingt auch recht, denn es braucht sehr viel Willen von deiner Seite. Wenn du diesen hast, wirst du dein Ziel auch erreichen.
Die nachfolgenden Tipps können dein Leben bereichern und nachhaltig verändern, wenn du es auch zulässt. Sie werden dich überraschen, verwundert oder vielleicht auch vor Fragen stellen. Aber sie sind dir in jedem Fall eine große Hilfe.

Um die Übersichtlichkeit zu wahren, werden diese Hinweise in zwei Kapitel aufteilt. So kannst du ganz allein entscheiden, wie viel du umsetzen möchtest. Wenn du dich nur an den ersten Teil der Hilfen halten möchtest, ist das völlig in Ordnung. Wichtig ist, dass du dich gut fühlst.

Vielleicht hilft dir auch ein Zitat, welches Buddha einst formulierte: „Tu was du willst, aber nicht, weil du es musst!“
Niemand zwingt dich zu einer Veränderung. Wie weit du gehen willst, entscheidest du in jeder Sekunde deines Lebens allein!

Tipps für dein Leben

Lasse ruhig jeden einzelnen Hinweis auf dich wirken und entscheide ganz bewusst. Du kannst dir soviel Zeit lassen, wie du möchtest. Niemand drängt dich, es geht nur um dich!

1.Tipp: Ehrlichkeit

Menschen, die nicht ehrlich sind, werden auf Dauer nicht glücklich. Auch wenn sie etwas anderes behaupten, wird es nicht der Realität entsprechen.
Musstest du schon einmal erfahren, wie es sich anfühlt, von einem Menschen belogen zu werden? Es ist ohne Zweifel kein schönes Gefühl und dabei spielt es keine Rolle, um was es sich handelt.

Aber auch das Verschweigen von Tatsachen ist nicht leichter zu ertragen. Sicherlich wiegt diese Handlung nicht ganz so schwer, aber es wird doch eine Weile in den Gedanken verweilen.
Wenn du zu dir selbst und auch zu deinen Mitmenschen immer ehrlich bist, wirst du nicht nur mit ihnen einen guten Kontakt pflegen können, sondern fühlst dich auch selbst wohl. Der Gedanke, dass wir jemanden anderen belogen haben, oder ihm eine wichtige Tatsache verschwiegen haben, wiegt unheimlich schwer auf der Seele. Es beeinträchtigt das Handeln und auch das Denken. Oft sind die Schuldgefühle dann so groß, dass die Wahrheit ans Licht kommen muss.
Warum dann überhaupt lügen und verschweigen? Du siehst: Es hat für deinen Alltag keinerlei Nutzen! Die Ehrlichkeit hingegen schon. Sie macht die glücklich und du wirst dich frei und unbeschwert fühlen können. Du hast nichts zu verbergen, sondern kannst offen und ehrlich zu dem stehen, was du gesagt und getan hast. Und das ist ein wunderbares Gefühl!

2.Tipp: Bescheidenheit

Kennst du Menschen, die immer wieder präsentieren müssen, was sie besitzen? Es scheint für sie nichts Wichtigeres im Leben zu geben, als Wertgegenstände, große Reisen und vielleicht auch hohe Zahlen auf dem Bankkonto.
Natürlich braucht jeder Mensch einen gewissen finanziellen Rückenhalt, um sein

Leben bestreiten zu können, aber das „große Geld“ ist für jeden klare Ansichtssache.
Genauso verhält es sich bei dem teuren Auto, dass zur Schau gestellt wird. Hier ist ein Gedanke ganz klar: „Ich bin etwas Besseres und habe etwas ganz Tolles.“
Sicher: Jeder darf sich über das, was er erreicht hat, freuen. Aber es besteht ein klarer Unterschied zwischen Freude und Vorzeigen. Menschen, die eher das Zweite vertreten, fühlen sich nur dann wohl, wenn sie auch diese Anerkennung zurückbekommen.
Hier stellt sich doch dann auch die Frage: Was ist im Leben wichtig? Wenn du weißt, was du hast, und damit auch glücklich bist, hast du alles richtig gemacht. Menschen, die allerdings ihr Glück nur an großen Werten festmachen, werden niemals wirklich glücklich in ihrem Leben sein.
Sei dankbar dafür, dass du gesund bist und so viel erreicht hast! Das ist ein dauerhafter Wert für ein zufriedenes Leben!

3.Tipp: Mäßigkeit

Die Zeit rinnt an dir vorbei. Du stehst morgens auf und du hast das Gefühl, der Tag hat schon jetzt nicht mehr genügend Stunden. Dennoch ist Schlaf wichtig und auch das, was du in deinem Alltag erledigst.
Wenn es die Aufgabe ermöglicht, lass dich nicht hetzen! Das ist im Berufsleben sicherlich leichter gesagt als getan, aber vielleicht findest du hierzu in deinem privaten Alltag einen Ausgleich. Wenn du mit deiner Familie einen Ausflug unternimmst, dann lass die Uhr einfach Uhr sein. Bleibt doch noch

einen Moment länger und genießt das Zusammensein. Es ist durch nichts zu ersetzen. Die Arbeit in den eigenen vier Wänden wird auch dann noch da sein, wenn ihr eine Stunde später zu Hause seid.
Diese Umsetzung ist sicherlich nicht einfach, wenn es bis heute nicht zu deinem Denken gehörte, aber es ist auch nicht unmöglich. Und du wirst schon nach kurzer Zeit feststellen dürfen, wie es dein Leben positiv verändert!
Hab nur Mut!

4.Tipp: Der Moment

Wie oft denkst du an die Vergangenheit und die Zukunft? Es passiert, auch wenn du der Dauer jetzt keine Zahl zuordnen kannst. Manchmal im Unterbewusstsein und manchmal so, dass es dir sogar die Luft zum Atmen nimmt. In diesen Moment verlierst du das Gefühl für das Hier und Jetzt. Du sorgst dich um das, was war und was einmal sein kann!
Aber was ist mit dem, was du gerade um dich hast? Es ist real, es ist hier und für dich greifbar. Alles andere ist es nicht!
Wenn du möchtest, dass es dir besser geht, dann versuche, deine Gedanken zu kontrollieren und zu beruhigen. Bleibe hier und gehe nicht immer wieder „fort“, um etwas zu klären und zu sehen, was du nicht fassen kannst.
Dein Kopf kann dir manchmal die verrücktesten Dinge zeigen. Ob du sie glaubst und was du wirklich daraus machst, liegt an dir.

5.Tipp: Planlosigkeit

Ziele sind wichtig und auch eine Struktur im Leben soll bei keinem Menschen fehlen. Aber diese Dinge können auch einschränken und was spricht dagegen, ab und an aus diesem Kreislauf auszubrechen? Eigentlich nichts!
Versuche es doch mal und lebe einfach. Denke nicht an deine Ziele und Vorgaben, die du bekommst oder dir selbst setzt. Du wirst sehen, wie anders sich plötzlich alles anfühlt. Wenn einmal etwas nicht nach Plan verläuft, dann ist es so! Nimm es hin, bleibe gelassen. Es wird dein Leben nicht nachhaltig beeinflussen.
Kurzum: Nimm das was kommt, so wie es kommt!

6.Tipp: Schuldenfreiheit

Vielleicht kennst du schon Menschen, die immer wieder über Schulden klagen. Oft fängt es mit einer kleinen Rechnung an und steigert sich über die Zeit in einen Betrag, den niemand mehr überblicken kann.
Natürlich kann es immer einmal passieren, dass eine unvorhergesehene große Reparatur, oder ein anderes Ereignis die finanzielle Stabilität ins Wanken bringt. Hier ist es wichtig, den Überblick zu bewahren und sich einen Plan für die Beseitigung der Schulden zu machen. Wer dies nicht kann oder sich nicht in der Lage fühlst, muss schnell mit weiteren roten Zahlen auf dem Bankkonto rechnen. Ein Teufelskreis beginnt, irgendwann nicht mehr unterbrochen werden kann.

Hast auch du Schulden? Dann versuche dir einen Plan zu erstellen, wie du diese am besten beseitigen kannst. Ein Schuldnerberater kann dich unterstützen und dir Hinweise zur Beseitigung geben.
Vielleicht hast du es schon einmal merken müssen: Schulden liegen schwer auf deinen Schultern und belasten dich jeden Tag. Ein uneingeschränktes Denken ist oft gar nicht mehr möglich, weil du immer wieder deine Finanzen von links nach rechts drehen wirst!
Versuche diese gar nicht erst aufkommen und wenn doch, sie wieder so schnell wie möglich loszuwerden.
Wirst du die Schulden los, bekommst du mehr Lebensqualität zurück! Das ist doch ein guter Ansporn, oder?

7.Tipp: Authentizität

Die Welt fordert dich jeden Tag, ganz gleich, in welchem Bereich. Du möchtest hier und dort präsent sein und natürlich auch einen guten Eindruck hinterlassen. Das geschieht auch oft dann, wenn vielleicht gar nicht so nötig gewesen wäre.
Aber so ist es und es ist ohne Zweifel nicht immer möglich, dies ganz klar zu differenzieren.
Und dennoch, auch wenn es schwerfällt: Bleibe dir treu und versuche nicht ein Mensch zu sein, der du nicht bist, auch wenn andere es von dir verlangen.
Du bist keiner Person auf dieser Welt Rechenschaft schuldig. Es ist dein Leben und du musst irgendwann sagen können: Ja, ich bin wirklich glücklich.

Viele neigen dazu, dies einfach so auszusprechen, denken aber nicht darüber nach, ob sie es auch wirklich sind. Bei genauerer Betrachtung fällt hier noch etwas auf und da ist etwas nicht richtig! Wo bleibt dann das Glück?
Es geht also nicht darum, dem Umfeld zu gefallen und immer die Erwartungen eines anderen zu erfüllen! Bleibe so, wie du bist, denn dann gibst du ein wirklich gutes Bild ab. Wer dich mag, mag dich so, wie du bist! Ein Verstellen läuft oft in eine ganz falsche Richtung, denn es fällt auf, auch wenn du es noch so gut „verkaufen" würdest. Und was noch wichtiger ist: Es strengt an und macht dich nur unglücklich! Denn wer möchte schon jeden Tag eine Maske tragen?
Höre also auf dein Herz und mache das, was es dir sagt! Es zeigt dir den richtigen Weg und führt dich nicht in die Irre! Es ist ehrlich und bleibt dir treu: Ein Leben lang!

8.Tipp: Reisen

Vielleicht bist du jetzt ein wenig verwundert, weil du in einem anderen Punkt gelesen hast, dass große Reisen keinen Menschen glücklich machen. Dort ging es aber darum, dass andere Menschen versuchen, sich mit diesen großen finanziellen Errungenschaften im Umfeld beliebter zu machen. Das ist natürlich etwas, was überhaupt nicht in deinem Denken verankert sein sollte!
Hier geht es nun aber um etwas ganz anderes: Die Öffnung deines Horizontes! Wenn du Urlaub in einem anderen Land gemacht hast, kommst du nicht nur erholt zurück, sondern

trägst auch ganz viele neue Eindrücke in dir. Du hattest die Möglichkeit, eine neue Kultur kennenzulernen und für eine kurze Zeit mit diesen Menschen zu leben. Du hast neue Sichtweisen kennenglernt und siehst vielleicht einiges jetzt ganz anders. Vorurteile gibt es keine mehr und auch der Alltag kann sich verändern.
Viele Menschen, die nach dem Urlaub wieder in die Heimat zurückkommen, sind deutlich gelassener. Sie haben in diesem fremden Land erfahren, dass das Leben auch entspannt laufen kann und das aller Stress oft nur etwas ist, was sich jeder Mensch selbst jeden Tag bereitlegt. Das heißt: Verreise, wenn es dir möglich ist! Lerne ein dir ganz fremdes Land kennen und erhasche Wörter einer Sprache, die du vielleicht noch nie gehört hast. Fremde Länder können so spannend sein! Jeden Tag erlebst du etwas Neues und weißt am Morgen eigentlich nicht, was auf dich zukommt. Du weißt nur, dass es ein toller Tag sein wird und das, was in deinem eigentlichen Leben und in deiner Heimat schon nach dem Aufstehen vielleicht für eine negative Stimmung sorgte, gibt es hier nicht mehr!
Diese neuen Eindrücke werden dich lange begleiten. Wenn du wieder zu Hause bist, stärken sie dich und machen dir Mut. Du wirst doch lange an diese wundervolle Zeit zurückdenken und wer weiß: Vielleicht buchst du schon nach kurzer Zeit den nächsten Urlaub!

9.Tipp: Weniger ist mehr

Es gibt Personen, die der Meinung sind, dass viele Freunde zum Leben dazugehören. Nur das macht sie glücklich. Aber hierbei stellt sich schon eine Frage: Sind das wirklich alles Freunde, oder meinen wir bloß, dass diese es sind! Eines ist hier eine klare Tatsache: Niemand braucht 20 gute Freunde, wenn er zwei hat, auf die er wirklich zählen. Das reicht schon, um wirklich glücklich zu sein. Nur reicht es sehr oft den meisten leider eben nicht, weil die Ansichten anders wiegen.
Hast du vielleicht Menschen in deinem Leben, von denen du dich schon lange fragst, ob du sie wirklich brauchst? Denke nicht darüber nach! Wenn diese Meinung schon eine Weile in deinem Kopf ruht, ist es wohl an der Zeit, dass du dich von diesen Personen trennst.
Ähnlich ist es auch bei Gegenständen! Du ärgerst dich schon lange über den alten Schrank in deiner Schlafstube, oder stolperst immer wieder über den Hocker im Flur? Dann ist es an der Zeit, sich zu verabschieden. Natürlich wird es nicht ohne Kleiderschrank im Schlafzimmer gehen, aber ein kleiner moderner Schrank sieht sicherlich auch sehr schön aus. Und wenn du keinen Hocker mehr möchtest, dann musst du das auch nicht!
Du siehst: Es braucht nicht viele Freunde und Möbel, um wirklich zufrieden durch den Tag gehen zu können! Es funktioniert auch so! Du wirst es schon bald vielleicht selbst erleben können.

10.Tipp: Vorbild

Es ist nicht immer leicht, sich aufzuraffen. Das weißt du ganz bestimmt auch. Ratschläge

und Tipps sind nett gemeint, und sie können auch als gut empfunden werden, aber reicht das allein schon aus? Nein, leider nicht.
Es braucht noch immer das eigene Handeln und Willen, wenn es wirklich vorangehen will. Aber wie kannst du das am Besten schaffen? Es ist gar nicht so schwer und erinnert dich ein Stück weit sicherlich auch an deine Kindheit: Das Vorbild.
Wenn du einen Menschen in deinem Umfeld hast, der das geschafft hat, was du dir jetzt vornimmst, solltest du dich an ihm orientieren. Frage ihn, wie er vorgegangen ist. Er wird dich motivieren können. Du siehst so auch, was er aus seinem Ziel gemacht hat und kannst so noch mehr Energie für dich sammeln.
Du wirst während deines Lebens immer wieder auf kleine Hürden stoßen, besonders dann, wenn du dir ein großes Ziel setzt. Sei dir gewiss: Kein Ziel ist zu groß! Es kommt immer darauf an, ob du es wirklich erreichen möchtest und wie du es schaffen willst. Wenn du eine Person an deiner Seite weißt, die es schon geschafft hast, wirst du über dein eigenes Können überrascht sein.
Das klingt kaum vorstellbar? Doch, es funktioniert! Versuche es!
Kleiner Tipp: Es reicht auch manchmal schon ein Mensch, denn du nicht einmal persönlich kennst! Du möchtest z.B. ein Ziel erreichen, welches dem Können eines namenhaften Entwicklers, Schauspielers oder Sängers gleicht? Super, dann findest du ganz bestimmt eine Person, die es geschafft hat. Mache dich mit ihrem Lebenslauf vertraut

und du wirst feststellen, dass nicht jeder „Star“ seinen Reichtum in die Wiege gelegt bekam.

11. Tipp: Unikat

Es wird immer Menschen geben, die anderen nacheifern und sich nicht von der Masse abheben möchten. Sie heften sich an das Denken anderer Personen, tragen die gleiche Kleidung und teilen immer nur die Meinung der anderen. Ob diese Ansichten stimmen oder nicht, interessiert in diesem Augenblick nicht!

Wie ist das bei dir? Bist du ein Mensch, der seinen eigenen Weg geht? Dann bist du auf dem richtigen!

Ansonsten stellen dir nur vor: Hätte Buddha das erreichen können, was er einst schaffte, wenn er sich auf sich selbst und seine Vorstellungen konzentriert hätte? Ganz bestimmt wäre er nicht zu dem fähig gewesen, was er letztendlich geschafft hat.

Wenn du schaffst, etwas zu tun, was wirklich einzigartig ist, ganz gleich was es ist, hebst du dich ab und wirst vielleicht sogar eine besondere Form der Aufmerksamkeit kennenlernen.

Aber hier musst du wirklich für dich entscheiden, was du möchtest. Wenn es für dich zu einem glücklichen Leben gehört, nicht aufzufallen, dann ist das auch vollkommen in Ordnung.

12.Tipp: Gedankenfreiheit

Besonnenheit und innere Ruhe zu erlangen, ist nicht immer einfach. Genauer gesagt kann es manche Tage sogar sehr schwer sein.
Hast du dich auch schon des Öfteren gefragt, wie Buddha es schaffte? Die heutige Zeit ist ohne Stress kaum vorstellbar! Wir rennen von einem Platz und nächsten, haben kaum Zeit zum Verweilen. Wenn wir in diesem Kreislauf gefangen sind, sehnen wir uns nach ein bisschen Ruhe. Und wenn diese dann da ist, umkreisen uns plötzlich Gedanken, die uns sagen, dass es Zeit wird, wieder aufzustören.
Sorgen und Ängste nehmen plötzlich Form an. Es scheint so, als würde unser Körper gar nicht wollen, dass wir zur Ruhe kommen.
Ob dem wirklich so ist, oder sich hier nur ein Trugschluss unser Selbst versteckt, kannst du nur für dich selbst entscheiden.
Wichtig ist für dich, dass du deine Gedanken in einem gewissen Maß kontrollieren kannst. Das klingt vielleicht einfacher, als es ist, aber es ist möglich und wird für dich eine große Erleichterung darstellen. Es ist ein wunderbares Gefühl, wenn der Kopf ein wenig Ruhe bekommt und sich nicht negativen Empfindungen beschäftigen muss.
In diesen Momenten kannst du etwas tun, was dir unheimlich viel Ruhe bringen kann, wenn du dich darauf einlässt: Höre nur auf deinen Atem und fühle, er sich in deinem Körper ausbreitet und dir neue Energie schenkt. Wenn du dies zulässt, wirst du zu neuem Leben erwachen.
Dein Atem ist der richtige und sicherste Weg fort von deinen negativen Gedanken und unaussprechlichen Emotionen!

13.Tipp: Fehler

Bist du ein Mensch, der Fehler macht? Super, dann machst du alles richtig! Wenn du jetzt denkst, es ist schlichtweg ein Scherz, dann täuschst du dich.

Es ist alles andere als schlimm, etwas nicht richtig zu machen. Menschen, die nie Fehler machen, belügen sich entweder selbst, oder wagen nichts! Etwas anderes gibt es nicht.

Vielleicht kennst du auch Aussagen aus deiner Kindheit oder gar dem Berufsalltag, mit denen der vermittelt wird, dass du nichts falsch machen darfst: Sie lösen Ängste aus und unter Umständen machst du dann erst recht einen Fehler!

Aber eines ist gar klar: Aus Fehlern kannst du lernen. Das wurde dir vielleicht schon von deinen Eltern vermittelt und hat auch nichts mit dem Alter zu tun. Du kannst jeden Tag etwas dazulernen. Auch wenn du der Meinung bist, dass du in einem Gebiet schon alles weißt, wirst du auch immer wieder überrascht werden können.

Je mehr Fehler du machst, desto leichter kannst du aber auch mit ihnen umgehen. Natürlich gibt es immer Bereiche, in denen du aufpassen musst. Wenn du vielleicht beim Backen eine Zutat vergisst, es ist sicher nicht so schlimm, wie das Vergessen einer Rechnung im Büro. Es muss natürlich immer abgewogen werden, aber grundsätzlich gilt immer: Jeder Fehler macht dich stark und zeigt dir, dass es trotzdem weitergeht. Wenn du das nächste Mal vor der gleichen Entscheidung stehst, wirst du dieselbe Wahl

ganz sicher nicht mehr treffen. Du kennst nun den Ausgang und wirst etwas anderes versuchen.
Jeder Mensch macht Fehler und du bist nicht schlechter als andere! Du kannst auf diese Art und Weise sehr viel dazulernen.

14.Tipp: Neugierig

Was hältst du von Menschen, die neugierig sind und immer die ersten sein wollen, die alles wissen möchten?
Die meisten Personen meiden ein solches Umfeld, aber hier stellst sich die Frage: Warum? Eigentlich machen neugierige Menschen alles richtig, auch wenn es manchmal aufdringlich und störend wirken mag.
Sie interessieren sich und müssen sich nachher nicht mit Fragen danach plagen, was passiert wäre, wenn! Vielleicht hast du dich auch schon einmal dabei ertappt, wie du genau darauf eine Antwort gesucht hast.
Doch es ist nicht immer nur die Aufdringlichkeit, die aufhält, sondern auch die Angst, etwas falsch zu machen. Stelle dir also dafür vor, du möchtest z.B. eine Wanderung in einem ganz bestimmten Gebiet unternehmen. Du kennst den Ort nicht und hast somit doch schon Sorgen, dass alles funktioniert. Diese Gedanken halten dich auf und die Neugierde ist schneller wieder verschwunden, als sie aufgetaucht ist. Eigentlich ist das doch schade, oder?
Was sagt dir dieses Beispiel? Bleibe neugierig und versuche, was immer dir möglich ist. Du weißt nicht, was dir entgeht! Und wenn du

dann feststellst, dass es noch nicht nach deinen Vorstellungen verläuft, kannst du noch immer aufhören und hast es für dich herausgefunden. Aber selbstverständlich solltest du auch vorsichtig sein! Es trifft nicht auf alles im Leben zu. Grundlegend ist es natürlich kein Problem, wenn etwas nicht funktioniert, aber beim Fallschirmspringen oder Bungeejumping sieht es schon wieder ein bisschen anders aus. Also zuvor überlegen und dann kannst du durchstarten.

15.Tipp: Gesund Essen

Es ist wichtig, dass du dich gesund ernährst! Und dein Körper wird es dir auch danken, wenn du ein paar Tage in der Woche auf Fleisch verzichtest. Es muss nicht jeder Mensch Vegetarier sein, um auf eine gesunde Ernährung zurückzublicken. Es kommt einfach darauf an, was du isst.

Vielleicht kennst du auch Menschen, die an keinem Fast-Food-Geschäft vorbeigehen können. Ab und an mag es vielleicht in Ordnung sein, aber auf keinen Fall jede Woche, oder sogar noch öfter.

Achte darauf, dass du genug Obst und Gemüse zu dir nimmst und das am Besten noch aus dem eigenen Garten. Wenn das im Winter nicht geht, schaue genau hin, woher die Früchte kommen, bevor du kaufst. Es gibt große Unterschied.

Das gilt natürlich auch für Fleisch. Kaufe nicht das Günstigste, sondern wähle mit Bedacht aus, gerne auch Bio-Produkte. Denn wenn du deinen Fleischkonsum ein wenig einschränkst, kannst du dir vielleicht auch

etwas leisten, was sonst nicht möglich gewesen wäre. Weniger ist in diesem Fall eindeutig mehr!
Achte also auf ein gutes Gleichgewicht auf deinem Teller!

16.Tipp: Einfachheit
Das Leben ist kompliziert und viel zu oft schwimmen wir mit dieser Welle mit. Doch das muss nicht sein.
Hast du dich schon einmal mit den einfachen Dingen des Lebens beschäftigt? Wir machen uns viel zu oft Sorgen, ob wir alles richtig machen und wie wir das schaffen. Oft denken wir so kompliziert, dass wir nie zu einer Antwort kommen.
Aber warum immer „um die Ecke denken“? Es kann doch so einfach sein. Überlege in einem solchen Moment, wie schön sich ein Kuss von deinem Partner oder deinem Kind anfühlt. Wie toll ist eine Umarmung eines lieben Menschen und was für ein Gefühl überkommt dich, wenn du an einem schönen Sommertag einen Sparziergang in der Natur unternimmst!
All diese Dinge kosten nichts und machen dich dennoch unsagbar glücklich. Es kann also so einfach sein, etwas Gutes zu fühlen und zu unternehmen.
Der Schlüssel, um dies zu erkennen, nennt sich auch die Achtsamkeit. Auch Buddha hat dies einst schon erkannt und sagte: „Nimm dir jeden Tag die Zeit, still zu sitzen und auf die Dinge zu lauschen. Achte auf die Melodie des Lebens, welche in dir schwingt!“
Wenn du also in der Lage bist, diese Melodie zu hören und sie auch schwingen zu lassen,

erkennst du die Wichtigkeit auch in den kleinen Dingen des Lebens! Die Schönheit ist jeden Tag bei dir!

17.Tipp: Fit

Wenn du an dieser Stelle sofort an den Gang ins Fitnessstudio denkst, täuschst du dich leider. Denn das allein macht noch keinen fitten Menschen aus dir! Das wäre auch zu schön!
Es wird dann davon gesprochen, dass eine Person nicht fit ist, wenn ihr jeder Gang schwerfällt und er lieber die Bank oder das Sofa als Motivationstrainer nutzt.
Dann ist es natürlich um die Fitness des jeweiligen Menschen nicht besonders gut bestellt.
Wie du dir jetzt schon denken kannst, kommt dies auch nicht einfach so und schon gar nicht von einem Tag auf den anderen. Fitness ist etwas, was du über einen längeren Zeitraum aufbauen musst, was natürlich auch sehr viel Disziplin erfordert.
Es braucht das regelmäßige Ausüben eines Sportes und wenn du dies nicht im Fitnessstudio machen möchtest, ist das auch kein Problem. Es gibt unzählige Betätigungen, die dich zu Hause richtig fit und mobil halten können. Wie wäre es mit Radfahren oder Joggen? Vielleicht wären das Alternativen für dich, die du in deinen Tag einbauen kannst. Es hilft dir auch dann schon, wenn du es nicht jeden Tag betreibst.
So wie es dir gefällt und wie es Spaß macht!

18.Tipp: Umsichtigkeit

Kommen wir hier noch einmal auf das Ziel zu zurück. Buddha sagte einst: „Jeder Tag ist ein guter Tag!“ und genau das vergessen wir in unserer hektischen Gesellschaft immer wieder. Wir konzentrieren uns nur noch auf das, was uns gesagt wird. Sehen oft das Schlechte und sagen am Ende, dass heute einfach ein schlechter Tag war.

Aber ist dem wirklich so? Buddha hat es schon erkannt und sah in jedem Moment etwas Gutes, auch wenn es nicht sofort ersichtlich ist.

Versuche es doch, wenn du wieder einmal das Gefühl hast, das einfach nichts nach Plan verläuft. Setze dich für ein paar Minuten hin und nimmt der auch gerne Zettel und Stift zur Hand. Jetzt schreibe auf, was du heute schon wirklich Tolles erlebt hast. In den ersten Sekunden mag dir nichts einfallen, aber es wird gar nicht lange dauern und du kannst doch etwas aufschreiben. Wenn du drei Dinge gefunden hast, reicht es schon aus. Diesen Zettel legst du für den Tag an einen Ort, an dem du immer wieder vorbeigehst. Du kannst ihn dir natürlich auch in die Tasche stecken: Wie du magst! Wichtig ist, dass du die guten Dinge des Tages nicht aus den Augen verlierst und umsichtig wirst.

Es ist nicht leicht und es braucht auch ein wenig Übung. Aber zu Anfang werden dir dann deine Aufzeichnungen helfen können. Aber nicht nur das: Auch die Achtsamkeit hat hier wieder einen wichtigen Einfluss. Schaue dir um, es gibt so viel zu sehen, was dir Freude bereiten kann! Nimm dir die Zeit und du wirst glücklich sein.

19.Tipp: Bewegung

Vielleicht wunderst du dich jetzt: Schon wieder sieht es nach Fitness aus. Aber hier verbirgt sich ein kleiner Unterschied!
Bewegung hast du jeden Tag, zumindest sollte es so sein und diese ist unheimlich viel wert. Wenn du der Meinung bist, dass sie nicht reicht, zögere nicht und baue sie noch mehr aus. Du kannst dir vielleicht nicht vorstellen, wie dankbar nicht nur dein Körper, sondern auch dein Geist dafür sein wird.
Du kannst dich und deine Gedanken wieder ins Gleichgewicht bringen und innere Ruhe finden. Wie wertvoll das ist, weißt du bestimmt. Du kannst eine ganz besondere Form der Befreiung erfahren!
Wie wäre es z.B. mit einem Ausflug in den Wald? Das reicht schon aus. Es spielt keine Rolle, wie lange du schon an diesem Ort wohnst. Hier gibt es so viel Neues zu entdecken und das jeden Tag. Wenn du auf der Suche nach Ausgeglichenheit bist, versuche, diesen Weg allein zu gehen. Am Wochenende kannst du natürlich gerne deine Familie mitnehmen. Aber wenn du Zeit für dich brauchst, kann es dir mehr helfen, wenn du allein unterwegs bist.

20.Tipp: Erwartungslos

Jeder Mensch hat Erwartungen und das ist auch völlig normal. Du hast Vorstellungen von deinem Leben, bestimmten Menschen oder auch einer Aufgabe. Manchmal merkst du es gar nicht, aber alles, was du ersehnst, sind Erwartungen.

Wenn diese erfüllt werden, bist du glücklich. Wenn etwas aber nicht nach Plan verläuft und unter deinen Erwartungen zu Ende geht, bist du unglücklich!
Aber macht eine geglückte Erwartung wirklich Lebensfreude aus? Sicherlich würden viele Menschen diese Frage mit „Ja“ beantworten, aber was geschieht, wenn sie länger darüber nachdenken?
Auch hier hätte Buddha ein Zitat nicht treffender formulieren können. Er sagte einst: „Das Glück liegt in uns, nicht in den Dingen!“
Das was du fühlst und in dir trägst, ist das wahre Glück. Es ist nicht wichtig, was du vor dir hast und auch nicht unbedingt, was du einst erreicht hast! Du bist das Glück, genauso, wie du es siehst.
Dies umzusetzen ist natürlich deutlich schwerer, als gedacht! Aber wenn du mit deinen Erwartungen anfängst, bist du schon auf einem guten Weg.
Natürlich darfst du diese haben, aber wenn etwas nicht klappt, solltest du nicht daran zerbrechen. Sieh dir stattdessen die Realität an. Ist sie nicht auch so schön? Versuche hier, deinen Vorstellungen dem anzupassen, was du vor dir hast und das Gute daraus zu ziehen. Es wird dich glücklich machen! Ganz sicher!

Kurze Pause

Nun konntest du schon einen ersten und weitreichenden Blick in die Welt der Verbesserung werfen.

Ein glückliches und positives Leben ist für jeden Menschen möglich. Es gibt so viel, was du in deinen Alltag einbringen kannst. Ganz gleich, wie voll dieser manchmal sein mag. Wenn du es wirklich möchtest, schaffst du es auch!

Bist du bereit, noch ein wenig mehr zu erfahren, oder endet der Weg der Veränderung für dich hier? Triff in Ruhe in deine Wahl. Wenn du genug gelernt hast, mögen die Verbesserungen genügen. Wenn nicht, dann komme noch ein Stück mit.
Ein Blick lohnt sich in jedem Fall, ganz gleich, ob du noch weitermachen möchtest oder nicht! Vielleicht kannst du auch etwas ersetzen und findest ganz überraschend einen Hinweis, der dich sofort überzeugt!

Erinnere dich: Bleibe neugierig!

6.Kapitel: Die Veränderung des Lebens – Teil 2

Alles ist richtig

Und nun kann es auch schon weitergehen! Wenn du dich mit den vorangegangenen Hinweisen angefreundet und diese schon umgesetzt hast, kannst du dich nun mit den nächsten Tipps befassen. Auch sie werden dein Leben bereichern und dich dort unterstützen, wo du es am meisten brauchst!

Aber wie schon gesagt: Du musst nicht alles anwenden. Suche das für dich heraus, was dir am besten gefällt. Und wenn es dir dann besser geht und du das Positive fühlen kannst, hast du alles richtig gemacht!

Hinweise Nr. 2

Tipp 21: Selbstlosigkeit
Sicherlich kennst du den Ausspruch: Geben und Nehmen.
Aber das solltest du nicht verlangen. Wenn du einem anderen Menschen etwas Gutes tust, erwarte dafür keine Gegenleistung. Das sorgt sonst zu schnell für negative Stimmungen. Freue dich stattdessen darüber, dass du etwas Gutes getan hast und für ein Lächeln gesorgt hast. Das ist doch schon Dank genug, oder?
Und wenn du später für deine Mühe doch etwas zurückbekommst, ohne damit zu rechnen, freust du dich umso mehr.

Tipp 22: Sozialverhalten
Bist du Einzelgänger und vertraust du auch gerne anderen Menschen etwas an? Wenn die zweite Gegebenheit für dich ein Problem ist, solltest du das vielleicht überdenken. Manchmal ist es gut, auch einmal etwas abgeben zu können. Du musst nicht alles alleine schaffen. Zusammen geht doch alles viel leichter. Zusätzlich geht auch endlich das Gefühl des Wettbewerbs verloren. Es geht nicht immer darum, wer der Beste und der Gewinner ist. Es kann auch schön sein, zusammen ein Ziel zu erreichen, denn gemeinsam habt ihr mehr Ideen und könnt noch mehr Vorstellungen verwirklichen.
Des Weiteren stärkt dieses Verhalten Bindungen und du kannst neue Kontakte

knüpfen. Das kann dir in vielen Bereichen eine große Stütze sein.

Tipp 23: Dankbarkeit

Dankbarkeit ist nicht für alle Menschen selbstverständlich. Frage dich jetzt, wie oft du dankbar bist? Das fängt schon beim Aufstehen an. Freue dich darüber, dass du gesund bist, einen tollen Partner oder liebe Kinder hast. Selbst das Scheinen der Sonne ist nicht selbstverständlich, auch wenn sie doch immer da ist (wenn es nicht gerade regnet).

Der Tag ist voller Dinge, die Dankbarkeit in dir hervorrufen können. Und wenn du dies fühlst und auch wiedergeben kannst, wirst du dich selbst auch wohler fühlen.

Hier wird wieder deutlich, dass schon die kleinen Dinge wertvoll sind und auch das hat, wie sollte es anders sein, Buddha erkannt. Seine Worte: „Lächle, und die Welt verändert sich“, machen klar, dass so ein kleines Zeichen schon reicht, und alles einen anderen Weg gehen kann. So ist es auch mit deinen Gedanken!

Tipp 24: Bewusst Essen

Essen heißt nicht nur, auf die richtigen Lebensmittel zu achten, sondern diese auch ganz bewusst, auf deine Bedürfnisse, auszusuchen, Mangelerscheinungen können manchmal schneller auftreten, als du für möglich hältst.

Achte auf deinen Körper und finde heraus, was ihm gut tut. Sicherlich wirst du recht schnell feststellen, wenn dir etwas fehlt.

Tipp 25: Suchtfrei

Dieser Tipp verwundert dich sicherlich gerade ein wenig, aber er ist auch relativ schnell erklärt.
Wie verhält es sich bei dir mit Alkohol und Zigaretten? Wenn du die Möglichkeit für dich siehst, minimiere den Konsum oder schränke ihn völlig ein (solltest du hier Probleme sehen). Du musst es natürlich für dich entscheiden. Aber eines ist klar: Wenn du diese beiden Dinge aus deinem Leben streichst, wird es dir und deinem Körper besser gehen!
Es ist sicherlich nicht immer leicht und gegen ein Gläschen auf einer Feier ist sicherlich auch nichts einzuwenden. Gesundheitliche Einschränkungen sind hier nicht zu erwarten, aber es sollte dann auch dabei bleiben!
Versuche für dich einen guten Weg zu finden! Dein Körper wird es dir jeden Tag danken.

Tipp 26: Entspannung

Es ist nicht immer leicht, die Ruhe zu bewahren, aber es geht! Bevor du völlig den Kopf verlierst und dich über eine Situation aufregst, sammle dich erst einmal. Du kannst es schaffen.
Manchmal ist der erste Gedanke nicht immer der richtige und du sagst Dinge, die dir später unsagbar leidtun. Aber was du einmal ausgesprochen hast, kannst du nicht mehr zurücknehmen und ob es dir dann noch verziehen wird, liegt auch nicht an dir.
Atme also erst einmal tief durch und überdenke dir das, was du sagen möchtest. Dann bist du auf der sicheren Seite.

Tipp 27: Verspieltheit

Auch wenn es für jetzt seltsam klingt: Tanze und bewege dich, wann immer du möchtest. Du wirst überrascht sein, wie viel es in dir verändern kann. Du fühlst die Freiheit, denkst an nichts und wirst alles für einen Moment vergessen können.
Es spielt keine Rolle, ob du läufst, rennst, spielst oder schnell tanzt: Das was sich gut anfühlt, ist genau richtig für dich.
Das klingt alles seltsam für dich? Dann frage dich doch einmal, wann du das letzte Mal wirklich nur für dich getanzt hast. Es mag komisch klingen, aber versuche es doch einfach mal. Wenn du allein bist, drehe die Musik auf und tanze einfach zu dem Lied, welches du gerade hörst. Natürlich kannst du auch dein Lieblingslied wählen! Du wirst sehr schnell feststellen, dass du dir selbst ganz anders begegnet kannst und das Beste: Deine

Sorgen spielen in diesem Augenblick überhaupt keine Rolle mehr!

Tipp: 28: Wunschlosigkeit

Nicht immer kannst du alles besitzen, was du dir wünscht. Manchmal musst du auch mit einer Enttäuschung leben! Kannst du damit umgehen?
Es kann dir sehr helfen, wenn du verstehst, dass nicht immer alles funktionieren kann. Es hat nichts damit zu tun, dass du nicht gut genug bist oder dass du etwas falsch gemacht hast. Es ist manchmal einfach der Lauf des Lebens.
Wenn du lernst, mit einer Enttäuschung umzugehen, wird es dir sehr viel leichter fallen, auch Niederlagen anzunehmen und dich von ihnen nicht zu sehr „herunterziehen“ zu lassen. Nicht immer läuft das Leben wie ein Uhrwerk und negative Momente werden immer wieder dazu gehören. Aber wenn du lernst, mit ihnen umzugehen und sie auch nicht zu sehr an dich heranlässt, wird es dir bald besser gehen!

Tipp 29: Eigensinnigkeit

Glaubst du immer alles, was andere Menschen dir erzählen? Das solltest du nicht tun, wenn es bis heute der Fall war. Es ist immer besser, sich selbst eine Meinung zu bilden. So kannst du etwas Schlechtes noch zum Guten wenden und vielleicht sogar einen lieben Menschen helfen, der einfach eine andere Entscheidung getroffen hat.
Achte aber darauf, wie du es anderen mitteilst. Es kann auch manchmal den

Anschein erwecken, dass du andere Meinungen nicht zulässt und das Können deiner Mitmenschen in Frage stellst.
Frei nach dem Motto: Der Ton macht die Musik!

Tipp 30: Akzeptanz

Wie oft ärgern wir uns über Dinge, die schon lange zurückliegen? Es kommt viel zu häufig vor. Diese Gedanken können den Alltag völlig auf den Kopf stellen. Wir wissen, dass wir heute nichts mehr daran ändern können. Aber dennoch nimmt dieses Kopfkino einfach kein Ende.
Die Vergangenheit scheint präsenter zu sein, als alles andere. Aber es hat für dich keinen Nutzen. Buddha erkannte einst: „Verweile nicht in der Vergangenheit, träume nicht von der Zukunft. Konzentriere dich auf den gegenwärtigen Moment!"
Mit diesen Worten hat er mehr als Recht. Sei im Hier und Jetzt und nimm das an, was vergangen ist. In die Zukunft kannst du jetzt nicht sehen, aber du kannst sie beeinflussen: Hier und Heute!

Tipp 31: Spontanität

Wenn du das Spontane liebst, ist das ein guter Grundstein für ein glückliches Leben. Du musst nicht immer jeden Tag planen. Das ist auch kaum möglich. Es können immer wieder Dinge geschehen, die du so nicht eingeplant hast.
Nimm diese Ereignisse an und freue dich darüber. Du wirst es vielleicht selbst merken, wenn etwas geschieht, was du morgens noch

nicht im Kopf hattest. Für den Moment fühlst du dich vielleicht überrumpelt, aber du schaffst es dennoch und am Ende des Tages bist du mehr als stolz auf dich!

Tipp 32: Kindisch sein

Die Welt mit Kinderaugen sehen, kann das ganze Denken auf den Kopf stellen. Hast du es schon einmal versucht? Dann wird dir alles viel leichter und unbeschwerter vorkommen. Natürlich musst du abwägen, wo es möglich ist. Im Beruf ist es sicherlich nicht möglich, aber zu Hause, wenn der Familienalltag dich auf Proben stellt, kann es dir ganz sicher eine Stütze sein.

Das unbeschwerte Denken eines Kindes kann jeglichen Stress aus deinem Tag nehmen. Versuche es, wenn du einmal den Druck deiner Aufgaben nicht mehr gewachsen zu sein scheinst. Das positive Denken ist schneller wieder zurück, als du dir vorstellen kannst!

Tipp 33: Mut

Angst ist kein guter Berater, sicherlich hast du dies auch schon erfahren müssen. Schiebe dieses Gefühl zur Seite und sei ruhig mutig.

Du musst nicht alles schaffen, aber wenn du es versuchst, wirst du schon allein von deinem Mut belohnt werden.

Wenn du immer wieder zweifelst, und nicht einen Schritt nach dem anderen gehst, wirst du nie erfahren, wie weit du wirklich gekommen wärst. Es ist an der Zeit, deine Ängste zu vergessen. Es wartet noch so viel mehr auf dich!

Tipp 34: Offenheit

Eine Meinung allein zählt nicht immer. Du kannst etwas schon unzählige Male gemacht haben: Es kann auch anders funktionieren.
Vielleicht ist ein Bekannter auf einem anderen Weg zum selben Ziel gelangt und hat dabei noch wertvolle Zeit gespart? Es ist möglich.
Halte also die Augen offen und höre dich um. Schiebe nicht alles als unwichtig zur Seite, nur weil du vielleicht schon deine Vorstellungen umgesetzt hast.
Es gibt noch soviel zu sehen und kannst unzählige Wege gehen. Sei offen für Neues und die Welt erstrahlt gleich in einem neuen Glanz!

Tipp 35: Genießen

Zu guter Letzt gibt es dann nur noch einen Rat: Genieße das Leben in vollen Zügen. Es wird manchmal zuckersüß sein und ein anderes Mal hart wie Stahl. Aber es ist, wie sollte es anders sein, einfach das Leben.
Es fordert dich heraus, verwöhnt dich, zeigt dir das Glück und manchmal auch das Leid. Du kannst es nicht ändern, sondern nur so hinnehmen, wie es ist.
Zweifel nicht, bleibe du und sieh immer nach vorn! Du wirst immer etwas Gutes sehen, auch wenn es versteckt zu sein scheint. Es ist da und nun weißt du auch, wie du es finden kannst!

Schlusswort

„Es gibt nur zwei Fehler, die man auf dem Weg zu Wahrheit machen kann: Nicht den ganzen Weg gehen und nicht beginnen!"
Mit diesen Worten Buddhas wird das Ende deiner buddhistischen Reise eingeläutet. Doch hierbei muss es sich natürlich nicht um einen Halt für die Ewigkeit handeln.
Eines weißt du nun mit absoluter Gewissheit: Du hast die beiden Fehler, einst von Buddha formuliert nicht begangen. Du hast dich aufgemacht und begonnen, dieses Buch zu lesen und du bist auch den ganzen Weg gegangen. Das Lesen dieser Wörter beweist es dir!

Und nun frage dich ganz für dich: Hast du deine Wahrheit gefunden? Die Antwort solltest du nicht überstürzt treffen. Lasse so viel Zeit vergehen, wie du für richtig hältst. Es kann Tage, aber auch Wochen dauern, bis du ganz sicher weißt, ob du der großen Erkenntnis ein Stück nähergekommen bist.
Du wirst dich vielleicht bei dieser Wahl mit der Angst konfrontiert sehen, um herauszufinden, wie sie nun auf dich wirkt. Hat sie nun eine andere Gestalt gewonnen oder sich nicht verändert?

Ganz gleich wie deine Entscheidung hier ausfällt: Es hat noch nichts mit deinem zukünftigen Leben zu tun. Selber dann, wenn du feststellen muss, dass Kraft und Intensität noch keine Veränderung erfahren haben, ist es noch nicht das Ende des Weges. Hier braucht es einfach ein Umdenken und das Erforschen deiner Gewohnheiten.
Auch Buddha musste in seinem Leben erfahren, dass der erste Weg nicht immer der richtige ist. Hätte er sich nicht für ein Leben zwischen Asketen und Konsum entscheiden, hätte er eine Lehre hervorbringen können, die heute ein Wegweiser für sehr viele Menschen ist.
Nichts bleibt ewig gleich! Das Leben obliegt einer Veränderung, die wir fast täglich in kleinen Dingen spüren können. Nur nehmen wir diese Ereignisse nicht bewusst wahr. Zum Beispiel das Scheinen der Sonne am Morgen, wenn wir erwachen: Mal ist es da und mal nicht! Wie oft machst du dir darüber

Gedanken, ob dich diese Strahlen in den Morgenstunden wecken?

Du möchtest zu einem anderen Leben finden, fernab von Ängsten und Sorgen und endlich wieder den inneren Frieden spüren!
Deine Wünsche mögen groß erscheinen, sind es aber nicht, denn es sind Vorstellungen, die sicherlich jeder in seinem Inneren ersehnt.
Glück ist das, was du ersehnst und es ist in keinem Fall ein Wunsch, der dir abzuschlagen wäre.

Gehe auf deinem Pfad nicht zu hart mit dir ins Gericht. Jedes neue Leben braucht Zeit! Du wirst nicht nur einmal vor einer Herausforderung stehen, die dich zweifeln lässt und die alten Ängste wieder näherbringt. Aber wenn du hier ganz fest an dich glaubst und an die vielen helfenden Worte und Umsetzungen Buddhas denkst, bist du bestimmt für ein Leben voller positiver Gedanken.

Der Weg dahin kann dich an deine Grenzen bringen, aber ist real und irgendwann hast du dein Ziel erreicht. Glaube an das was du möchtest und zögere nicht, wenn du dich mit einem Problem konfrontiert siehst. Es gibt nichts, was nicht in deiner Macht steht!

Es ist Zeit für eine Veränderung!

Federico Giordano

Weitere Bücher finden Sie hier

SCAN ME

Ein Mittel gegen Unzufriedenheit

SCAN ME

Yoga für dein Wohlbefinden

Platz für persönliche Notizen

Buddhas Leitfaden

Federico Giordano

Haftungsausschluss

Die Umsetzung aller enthaltenen Informationen, Anleitungen und Strategien dieses E-Books erfolgten auf eigenes Risiko. Für etwaige Schäden jeglicher Art kann der Autor aus keinem Rechtsgrund eine Haftung übernehmen. Für Schäden materieller oder ideeller Art, die durch die Nutzung oder Nichtnutzung der Informationen bzw. durch die Nutzung fehlerhafter und/oder unvollständiger Informationen verursacht wurden, sind Haftungsansprüche gegen den Autor grundsätzlich ausgeschlossen. Ausgeschlossen sind daher auch jegliche Rechts- und Schadensersatzansprüche. Dieses Werk wurde mit größter Sorgfalt nach bestem Wissen und Gewissen erarbeitet und niedergeschrieben. Für die Aktualität, Vollständigkeit und Qualität der Informationen übernimmt der Autor jedoch keinerlei Gewähr. Auch können Druckfehler und Falschinformationen nicht vollständig ausgeschlossen werden. Für fehlerhafte Angaben vom Autor kann keine juristische Verantwortung sowie Haftung in irgendeiner Form übernommen werden.

Urheberrecht

Impressum

ISBN: 9798558055351

1. Auflage

Kontakt:
La Mancusa Daniele
Vorstadtstr. 52
73614 Schorndorf

Printed in Germany
by Amazon Distribution
GmbH, Leipzig

22029111R00059